KB201502

어린이를
변화 시키는 이야기
131가지

하늘기획

어린이를
변화 시키는 이야기
131가지

하늘기획

_유재덕

저자 유재덕은 서울신학대학교(B.A)와 연세대학교연합신학대학원(M.A) 그리고 연세대학교대학원 신학과에서 기독교교육학(Ph.D)을 전공했다. 현재는 연세대학교연합신학대학원 겸임교수, 그리고 서울신학대학교 강사 및 기독교교육연구소 연구원으로 재직중이다. 그는 활발한 번역작업 이외에도 성경의 내용과 그 배경, 특히 문화사적 시각에서 바라본 성경의 여러 내용을 성도들에게 재미있고 알기 쉽게 소개하는 일에 주력하고 있다. 논문은 "기독교교육과 신경과학의 대화", "두뇌기반 기독교육의 연구", "몸의 영성과 기독교교육" 등이 있고, 저서는 「5시간 만에 읽는 재미있는 교회사」, 「기독교교육의 시선」(공저) 등이 있다. 그리고 역서로는 「공적신앙과 실천신학」(공역), 「교육의 목적」, 「기독교교육사」, 「고대세계의 교육사상」, 「현대종교교육의 지형과 전망」등 다수가 있다.

어린이를 변화시키는 이야기 131가지

초판7쇄   2007년 4월 16일

지은이   유재덕
발행인   이재승
펴낸곳   하늘기획
주소   서울시 동대문구 청량리1동 235-6(미주상가)
등록번호   제22-469호(1998)
ISBN   978-89-92320-61-0(04230)
총판   하늘물류센타
전화   031-947-7777
팩스   031-947-9753

1부

마음 속의 별

1. 라과디어 판사

　세계에서 가장 잘 사는 나라 가운데 하나인 미국도 경제적으로 어려울 때가 있었다. 부자들이 하루 아침에 재산을 몽땅 날리거나, 많은 사람들이 사업을 실패하고서 스스로 목숨을 끊는 슬픈 일들이 미국 곳곳에서 자주 일어날 정도였다.

　그 때 뉴욕의 시장을 지낸 사람이 헨리 라과디어였다. 어느 날 라과디어 시장은 재판을 하기 위해서 법정에 들어섰다. 당시 미국에서는 간단한 재판을 하는 것도 시장이 처리해야 할 일 가운데 하나였다.

　어느 노인이 물건을 훔친 혐의을 받고서 라과디어 판사 앞에 섰다.

　"할아버지, 무엇을 훔쳤습니까?"

　"빵 한 덩어리를 훔쳤습니다."

　"왜 훔치려고 했습니까?"

　"배는 고픈데 주머니에는 돈이 한 푼도 없어서 어쩔 수 없이 이런 일을 저지르게 되었습니다. 죄송합니다."

　그 말을 마치고 난 뒤에 노인은 눈물을 흘렸다.

잠시 아무 말 없이 가만히 있던 라과디어 판사가 마침내 입을 열어 판결을 내렸다.

　"할아버지, 법은 법입니다. 저에게는 법대로 시행할 의무가 있습니다. 할아버지께 10불의 벌금형을 내리겠습니다. 그리고 할아버지로 하여금 죄를 짓게 만든 저를 비롯해서 이 도시에 살고 있는 모든 사람들에게도 벌금형을 내리겠습니다. 따라서 저는 10불, 그리고 이 재판정에 참석한 여러분도 모두 5불씩 내시기 바랍니다."

　그 재판을 지켜보던 모든 사람들은 라과디어 판사와 함께 5불씩 지불했다. 지금도 뉴욕에 가면 라과디어의 이름을 딴 조그만 공항이 남아 있다.

2. 새벽의 소리

날씨가 몹시 추운 어느 새벽 종교교회 목사님이 새벽 예배를 마치고 총총히 집으로 돌아가고 있었다. 골목 한 쪽에서 이상한 소리가 들렸다. 목사님은 소리나는 쪽으로 걸음을 옮겼다. 그것은 다름 아니라 공중변소 쪽에서 나는 소리였다. 어떤 사람이 어둠이 채 가시지 않은 화장실에서 도끼로 무엇인가를 깎아내고 있는 중이었다.

"누구십니까?"

열심히 도끼질을 하던 사람이 대답했다.

"예, 화장실 청소를 하고 있는 중입니다."

목사님은 알 수 없다는 표정으로 다시 물었다.

"그런데 도끼는 왜 사용하십니까?"

그 사람은 얼굴도 들지 않고 계속 도끼질을 하며 대답하였다.

"사람들이 볼일을 보면서 제대로 청소를 하지 않아 얼어붙었습니다. 다른 사람들이 불편할까봐 미리 치우고 있는 중이랍니다."

목사님은 추운 날씨를 아랑곳하지 않고서 변소 청소를 하는 그 사람이 측은해서 동전을 몇 개 주고 길을 갔다.

　새벽에 변소를 청소하던 사람은 주일이 되자 교회에 참석했다. 그 사람은 목사님으로부터 받은 동전에 자신의 돈을 더해서 교회에 헌금을 하였다. 나중에 보니 변소 청소를 하던 사람은 도산 안창호(1878-1938)였다.

　그는 우리 나라 뿐만 아니라 중국과 미국에서까지 독립운동을 했는데 그 시작은 언제나 청소하는 일이었다.

3. 마음 속의 별

 밤하늘에 빛나는 별이 너무 아름다워서 그 별을 갖고 싶
어하는 소년이 있었다. 어느 날 소년은 별을 찾기 위해서
길을 나서기로 결심했다. '나는 내 별을 갖기 전까지는 집
에 돌아오지 않을 테야.'
 소년은 길에서 만나는 사람마다 묻고 또 물었다.
 "어디에 가면 별을 찾을 수 있나요?"
 그러나 누구도 별이 있는 곳을 아는 사람은 없었다. 소년
은 별을 공부하는 학자를 찾아가서 별을 찾을 수 있는 방법
을 물었다. 과학자는 소년의 질문을 듣고 코웃음을 치면서
대답했다.
 "별은 이 망원경 속에 있단다. 사람이 별을 가질 수는 없
는 법이야."
 소년은 실망스러웠지만 포기하지 않고 다시 별을 찾아서
길을 나섰다. 한참을 걷다보니 길옆에 노인이 앉아서 쉬고
있었다. 소년은 노인에게 별이 어디에 있는지 아느냐고 물
었다.
 "나도 어려서부터 지금까지 별을 찾아다니고 있지만 유감

스럽게도 아직도 소원을 이루지 못했다."

소년은 노인을 뒤로하고 다시 별을 찾아 나섰다. 소년은 길을 가다가 배고픈 사람과 병이든 사람을 만나게 되었다. '어쩌지, 나는 별을 찾는 게 더 급한데…내가 그냥 가버리면 이 사람들은…?'

소년은 가지고 있던 빵과 돈을 모두 꺼내어 두 사람에게 주었다. '나는 이제 별을 찾을 수 없게 되었어…' 소년은 눈물이 나오려는 것을 애써 참으며 생각했다.

그런데 갑자기 어디선가 이런 소리가 들려왔다.

"애야 마음속에 갖고 있는 그 사랑이 바로 네가 찾고 있는 별이란다."

소년은 그 말을 듣고 너무 기뻐 집으로 돌아갔다.

4. 소년과 웰링턴 장군

어느 소년이 농장에서 열심히 일을 하고 있는데 한 떼의 사람들이 말을 타고 흙먼지를 일으키며 달려오고 있었다. 소년은 깜짝 놀라 일손을 멈추고 농장 문을 굳게 닫고서 문 앞에 버티고 섰다. 문을 열어두면 농장의 밭이 모두 말발굽에 짓밟힐 것만 같았기 때문이었다.

"꼬마야 비켜서라. 우리는 바쁘기 때문에 지름길로 빨리 가야 한다. 어서 농장 문을 열거라."

말을 탄 사람들 가운데 한 사람이 눈을 부라리며 말했다. 그러나 소년은 겁을 먹지 않고 말했다.

"우리 농장으로 말들이 지나가면 애써 기르고 있는 채소들이 커다란 피해를 입게 됩니다. 우리 아버지의 허락 없이는 절대로 통과할 수 없습니다."

그러자 한 사람이 소년에게 다가서며 부드럽게 타일렀다.

"애야, 나는 웰링턴 장군이다. 사냥을 갔다오는 길인데, 급한 일이 생겨서 빨리 임금님을 찾아뵈어야 한다. 그러니 비켜주어라. 농작물의 피해는 넉넉하게 보상하겠다."

소년은 웰링턴 장군의 부탁에도 불구하고 물러서지 않았

다.

"아버지의 허락 없이는 어떤 사람도 농장을 지나가게 할 수 없습니다. 아버지께서 누구도 들여보내지 말라고 말씀하셨습니다."

웰링턴 장군은 그런 소년의 등을 두드리며 말했다.

"얘야, 너와 같이 책임감이 강한 소년을 보니 무척 기쁘구나. 너와 같은 소년이 있으니 우리 영국의 장래가 든든하구나."

웰링턴(1769-1852) 장군은 소년을 격려하고 난 뒤에 기쁜 마음으로 다른 사람들을 이끌고서 농장을 통과하지 않고 먼길로 돌아갔다.

5. 수통 하나로 한 소대가 마시다

　한바탕 큰 전투를 치르고 나서 부상을 입은 병사 하나가 애타게 물을 찾고 있었다. 마침 군종 목사에게 약간의 물이 남아 있었다. 군종 목사는 자신의 수통을 그 병사에게 건넸다. 병사는 무심코 그 물을 마시려고 하였다. 그러다 보니 모든 소대원들의 눈이 자기에게 집중되어 있는 것이었다. 그들 또한 목이 타기는 마찬가지일 것이었다.

　소대장도 사정을 모를 리 없었다. 소대장은 수통을 받아 들더니 입에 대고 꿀꺽꿀꺽 소리를 내며 물을 마셨다. 그리고는 부상당한 병사에게 다시 그 수통을 돌려주었다. 부상당한 병사가 물을 마시려고 보니 수통의 물은 조금도 줄어 있지 않았다. 그 병사는 소대장의 뜻을 짐작할 수 있었다. 부상당한 병사는 수통에 입을 대고 소대장처럼 꿀꺽 소리를 내며 맛있게 물을 마셨다. 그리고 나서 수통은 다음 사병에게로 전해졌다.

　소대원들은 모두 꿀꺽꿀꺽 물을 마셨다. 마침내 수통은 군종 목사에게로 돌아갔다. 그러나 그 수통의 물은 처음 그대로였다. 갈증을 느끼는 사람은 아무도 없었다.

6. 기도의 힘

코리 텐 붐이라는 할머니는 공산주의를 따르는 나라에 성경을 가져가려고 했다. 당시의 공산주의 국가들은 요즘과 달리 기독교를 무척이나 괴롭혔고, 이 때문에 성경을 가지고 드나드는 사람들은 무사할 수 없었다.

코리 텐 붐 할머니는 자신의 커다란 가방에 성경을 가득 집어넣었기 때문에 공항을 벗어나는 게 여간 걱정스러운 일이 아니었다. 검색원들은 비행기에서 내린 승객들의 짐을 샅샅이 뒤지고 있었다.

코리 텐 붐 할머니는 어떻게 해야 공항을 무사히 빠져나가서 성경을 기독교인들에게 전할 수 있을지 이런저런 궁리를 계속했다. 거짓말을 하고 싶은 마음도 들었지만, 금새 생각을 고쳐서 하나님께 기도하기 시작했다.

"하나님 천사를 보내어 저를 도와주세요."

코리 텐 붐 할머니가 기도를 하고 있는 동안에 뒤에 서 있던 사람이 앞으로 새치기를 해서 맨 마지막에 서게 되었다. 드디어 할머니가 검색을 받을 차례가 되었다.

그런데 검색하는 사람이 할머니에게 다가와서 말했다.

"어이구 할머니! 힘이 많이 드셨죠. 할머니가 마지막이시니까 제가 짐을 들어다 드릴께요."

그리고서는 성경이 가득 들은 가방을 직접 들어 문밖까지 가져다주었다. 코리 텐 붐 할머니는 기도 덕분에 아무런 조사도 받지 않고 성경을 기다리는 기독교인들을 무사히 찾아갈 수 있었다.

7. 묘목을 심는 까닭

어느 노인이 뜰에서 묘목을 심고 있었다. 마침 그곳을 지나던 사람이 노인이 열심히 어린 묘목을 심는 것을 보고서 궁금한 듯 다가가서 물었다.

"할아버지는 도대체 그 나무에 언제쯤 열매가 열릴 것이라고 생각하십니까?"

노인이 대답하였다.

"한 칠십 년쯤 지나서겠지."

길을 지나던 사람이 또다시 물었다.

"할아버지께서는 그때까지 사실 수 있겠습니까?"

노인이 허리를 펴고 환히 웃으며 대답했다.

"그렇지야 않지! 그러나, 내가 세상에 태어났을 때 이 과수원에는 온갖 열매가 풍성했었네. 그건 내가 태어나기도 전에 아버지께서 심으셨기 때문이지. 지금의 내 경우도 그와 같다네. 내가 지금 심는 나무에서 열매를 직접 따지는 못하겠지만 나의 후손들이 따먹을 수 있지 않겠나?"

8. 알렉산더의 관찰력

대 제국을 건설한 알렉산더 대왕(주전 356-323)이 왕자였을 때의 일이다. 어느 말장수가 그의 아버지 되는 왕에게 말을 팔러 왔다. 왕은 그 말을 한번 타 보았으나, 훈련이 되지 않은 거친 말이었다. 왕은 기분이 상해서 소리쳤다.

"이런 말은 소용없다! 빨리 데리고 떠나라!"

그러자 옆에 있던 어린 알렉산더가 그 말 주위를 돌면서 중얼거렸다.

"저런 뛰어난 말을 돌려보내다니 참 아깝군!"

왕은 이 말을 듣고 알렉산더에게 물었다.

"그러면 어른들이 타지 못하는 이 말을 너는 탈 수 있겠느냐?"

알렉산더가 대답하였다.

"탈 수 있습니다."

"그러면 좋다. 그런데 만약 타지 못한다면 어떤 벌을 받겠느냐?"

"이 말값 만큼 벌금을 치르겠습니다."

그렇게 약속한 뒤에 알렉산더는 말 가까이 다가갔다. 그는 말의 머리를 해가 떠 있는 쪽으로 돌려서 말이 자기의 그림자를 보지 못하게 하였다. 그리고는 말에 훌쩍 올라타는 것이었다. 알렉산더는 말이 그 사람의 그림자에 놀라서 흥분하는 것을 알아채고 있었던 것이다. 알렉산더가 열 두 살 때의 일이었다.

9. 새벽 4시의 장례식

　미국의 어느 도시에 살던 어느 커다란 부자 한 사람이 재산을 물려줄 상속자가 없이 죽었다. 그는 죽으면서 장의사에게 새벽 4시에 장례를 치러줄 것을 부탁하였다. 그러면서 그는 유서 한 통을 남기고 이 유서를 자기의 장례식이 끝나고 나서 그 자리에 참석한 사람들 앞에서 뜯어보도록 일렀다.

　부자는 살아 있을 때 많은 친구가 있었다. 그로부터 도움을 받은 사람도 많았고, 그를 칭찬하며 따른 사람도 적지 않았다. 그러나 부자의 친구들은 꼭두새벽에 장례식을 치르기로 했다는 소식을 듣고서 별로 내켜하지 않았다.

　드디어 세상을 떠난 부자의 장례식이 새벽 4시에 열렸지만 그 자리에 참석한 사람은 겨우 네 명에 불과할 뿐이었다. 장의사는 그 네 사람의 친구 앞에서 부자의 뜻대로 유서를 뜯었다. 그 유서에는 이런 글이 적혀 있었다.

　"나의 전 재산은 40만 달러이다. 이것을 장례식에 참석한 사람들에게 골고루 나누어주기 바란다."

10. 빵 속의 금화

　어느 마을에 마음 착하고 정직한 젊은이가 있었다. 가난하게 사는 이 젊은이는 어느 날 가게에서 사온 빵을 먹다가 그 속에 금화가 하나 들어있는 것을 발견하고 깜짝 놀랐다. 젊은이는 얼른 그 금화를 가지고 빵가게로 달려갔다.

　"할아버지, 이 금화가 빵 속에 들어 있었습니다."

　"그럴 리가 없는데?"

　빵가게 할아버지는 고개를 갸웃거리며 젊은이를 돌아보았다.

　"아닙니다. 정말입니다."

　젊은이가 하도 열심히 그 금화가 빵 속에서 나왔다고 고집을 세우자, 그제야 할아버지는 빙그레 웃음을 띠었다.

　"젊은이, 그 금화는 젊은이가 가지도록 하시오."

　"네?"

　할아버지는 기쁜 표정으로 이렇게 말했다.

　"나는 이제 늙어서 빵가게 일을 더 할 수 있을 것 같지 않았지. 그런데 내게는 아내도 없고, 자식도 없어. 그래서 그동안 내가 모아 놓은 돈과, 이 빵가게를 누구에게 넘겨줄 것인지를 정하지 못해 고민이 참 많았다네. 그래서 생각다 못해 나는 빵 속에 금화를 하나씩 넣어보기로 했지. 그런데 금화를 빵 속에 넣은 지 이미 여러 달이 지났지만 아무도 금화를 되가져온 사람이 없었다네. 그런데 자네가 이렇게 금화를 가져왔으니, 자네야말로 참으로 정직한 사람이 아니겠는가? 자, 젊은이, 오늘부터 이 빵가게는 자네 것일세."

11. 우공이 산을 옮기다

옛날, 90세가 되는 우공이라는 노인이 살고 있었다. 그런데 집 앞에는 태형산과 왕옥산이라는 높이를 잴 수도 없는 산들이 자리잡고 있어서 사람들이 지나다니는데 어려움을 겪었다.

하루는 우공이 식구들을 불러놓고 이렇게 말했다.

"이제부터 내가 너희들과 힘을 합하여 저 산을 깎아 내려서 평탄하게 하여 예남 땅에서 한음 땅까지 통하는 길을 내려고 하는데, 너희 생각은 어떠냐?"

집안 사람들은 모두 찬성했지만, 우공의 부인은 그 계획을 믿으려 들지 않았다.

"내가 보기에는 당신의 힘으로는 조그만 저 언덕 하나 깎아내지 못하겠소. 그런데 그 높은 태형산과 왕옥산을 어떻게 평탄하게 만든다는 겁니까? 게다가 그 산들을 깎아서 나온 흙과 돌은 어디다 버릴 생각이십니까?"

그러자 집안 사람들이 대답했다.

"그것은 걱정 없습니다. 그 흙과 돌은 저 발해 바닷가에 버리면 됩니다."

우공은 마침내 그 아들과 손자들을 데리고 일을 시작하였다. 그 때 우공의 이웃집에는 홀어머니가 아들을 데리고 살고 있었다. 홀어머니는 우공의 가족들이 일하는 모습을 보고서 어린 자기 아들 역시 거들도록 일렀다.

　이때 하곡이라는 동네에 사는 지수라는 사람이 와서 우공의 하는 일을 보고 웃으며 말렸다.

　"참으로 어리석으십니다. 그 나이에 풀 한 포기도 뽑고 어려울 터인데, 언제 저 높은 산들의 흙과 돌들을 모두 파낼 생각이십니까?"

　우공은 깊이 탄식하며 대답했다.

　"당신은 참으로 어리석소. 그래서 어찌 홀어머니 밑에서 자라는 저 어린아이보다 낫다고 할 수 있겠소. 비록 내가 죽는다고 해도 내가 못 다한 일을 내 아들이 하고, 내 아들이 못한 일은 내 손자가 하고, 또 내 손자가 못한 일은 내 손자의 손자가 하고, 이렇게 계속해 나가다보면 제아무리 높은 산이라도 어찌 평탄해지지 않겠소? 산이 키가 자라는 것도 아닌데 말이오."

12. 급한 마음이 부른 불상사

어느 날 밤 의사인 반 아이크 박사에게 전화가 걸려왔다. 어느 소년이 총을 가지고 장난을 하다가 그만 오발을 하여 생명이 위태롭다는 것이었다.

아이크 박사는 짐을 챙겨 부리나케 그곳으로 떠났다.

아이크 박사는 가능한 한 최고의 속도로 차를 몰았다. 그런데 얼마 가지 않아서 한 사나이가 아이크 박사의 차를 가로막았다. 사나이는 다짜고짜 차에 올라타더니 권총을 들이대었다.

"이 차는 내가 이용해야겠소. 당신은 여기서 내려!"

아이크 박사는 두려웠지만, 사정을 했다.

"여보시오, 나는 의사요. 지금 목숨이 위태로운 환자를 돌보러 가는 중이오."

그렇지만 사나이는 화를 벌컥 내면서 박사를 밀어내고 쏜살같이 사라져버렸다.

아이크 박사는 30분이나 헤맨 뒤에 가까스로 환자가 있는 병원에 도착하였다.

"그 소년은 어떻게 되었습니까? 한시가 급하다고 했는

데…"

"박사님, 안 됐습니다만 아이는 10분 전에 죽고 말았습니다."

이 때, 병실 밖에서 초조히 기다리고 있던 죽은 소년의 아버지가 뛰어 들어왔다.

"내 아들이 죽었다구요?"

소년의 아버지는 죽은 소년을 끌어안고 흐느끼기 시작했다. 그 순간, 가장 놀란 사람은 아이크 박사였다. 소년의 아버지는 바로 자기의 차를 빼앗아 탄 그 사나이였기 때문이었다. 그 사람도 이 사실을 알고 나더니 깜짝 놀랐다. 잠시 아무 말도 못하던 그 사람이 마침내 이렇게 부르짖었다.

"내가 아들을 죽이고 말았습니다!"

13. 한 뿌리의 파

어느 어머니가 지옥을 바라보고 있었다. 그런데 놀랍게도 거기에 자기의 아들이 고통을 받고 있었다. 어머니는 놀라서 천사에게 부탁하여 아들을 구할 수 있는지 알아보게 하였다.

천사가 말했다.

"아드님은 꼭 한 번 착한 일을 하셨군요. 언젠가 지나가던 거지에게 파 한 뿌리를 주신 일이 있습니다."

천사는 파 한 뿌리를 가지고 지옥으로 그 사람의 아들을 구하러 가게 되었다. 지옥의 유황불은 말로 표현할 수 없을 정도로 뜨거웠다. 사람들은 그 속에서 아우성을 치고 있었다. 천사가 부탁한 사람의 아들에게 다가가서 말했다.

"당신의 착한 행위로 당신을 구하고자 합니다."

아들은 천사가 내미는 파 한 뿌리를 손으로 잡았다. 천사는 서서히 아들을 끌어올리기 시작하였다.

그런데 그 순간 주변에 잇던 사람들이 기회를 놓칠세라 달려들어서 줄줄이 매달렸다. 가느다란 파 한 뿌리에 매달려 있던 그 아들은 발로 사람들을 걸어차면서 부르짖었다.

"어서 비켜! 이 파는 나 하나도 견디기 어렵단 말이야!"

그 순간 파는 뚝 부러졌고, 아들은 다시 지옥으로 떨어져 버렸다. 그것을 본 어머니가 탄식했다.

"저 아이에게 사랑이 있었더라면 지옥의 죄인들 모두가 그 파에 달라붙어도 그 파가 견딜 수 있었을 텐데!"

14. 돌 밑의 돈

　어떤 동네 입구에는 길을 가로막을 정도로 커다란 돌이 놓여 있었다. 많은 사람들이 이 길을 다녔지만 누구 하나 나서서 치울 생각을 하지 않았다. 그러면서도 누구 커다란 돌을 사람들이 다니는 길에 두었는지 찾아내야 한다고 한 마디씩 불평을 늘어놓았다.

　그런 모습을 눈여겨보던 부잣집 할아버지는 어느 날 밤 아무도 모르게 돌 밑에 많은 돈을 감추어두었다. 누구든지 돌을 치우는 사람은 그 돈을 가질 수 있었다.

　돌이 동네 입구를 가로막고 있는 지도 무척이나 오래되었지만 여전히 사람들은 그 돌을 치우지 않았다. 누군가 그 돌을 치울 것이라고 마을 사람들은 생각했기 때문이었다.

　어느 날 오후 건너 마을에 사는 마음 착한 농부가 이 마을에 채소를 팔러 찾아왔다. 농부는 동네 길목에 커다란 돌이 놓여 있는 것을 보자 발걸음을 멈추었다.

　'이런 곳에 돌이 놓여 있으면 캄캄한 밤중에 이곳을 지나는 사람들이 무척 위험할 텐데. 내가 치워야 겠구나…'

　농부는 혼자서 땀을 뻘뻘 흘리면서 돌을 치우기 시작했

다. 그곳을 지나가던 동네 사람들은 농부를 칭찬하면서도 함께 도울 생각은 하지도 않았다. 겨우 커다란 돌을 사람이 다니지 않는 곳으로 옮긴 농부는 깜짝 놀라고 말았다. 돌이 치워진 자리에는 꽤 많은 돈과 쪽지가 놓여 있었다.

"이 돈은 돌을 치우는 사람에게 주는 선물이니 아무 염려 말고 가지시오."

이렇게 해서 돌을 치운 농부는 그 돈으로 논과 집을 사서 가족과 함께 행복하게 살 수 있었다.

15. 꼬리와 머리가 서로 싸운 결과

뱀 한 마리가 있었다. 어느 날 뱀의 꼬리가 머리에게 이렇게 불평했다.

"나는 왜 언제나 네 뒤에서 따라다녀야만 하냐? 왜 네가 내 대신 의견을 말하고, 방향도 네 맘대로 잡는 거냐? 이건 공평하지 못해. 나도 뱀의 일부인데 언제나 노예처럼 끌려다녀야만 한다는 것은 있을 수 없어!"

머리가 대답했다.

"멍청한 소리 그만 해! 너에게는 앞을 살피거나 분간할 눈이 없잖아? 또, 위험을 알아낼 귀도 없고, 행동을 결정할 두뇌도 없어."

둘은 서로 다투다가 마침내 꼬리가 머리 구실을 하기로 결정을 보았다.

꼬리는 매우 기뻐하며 앞으로 나서서 움직이기 시작하였다. 그런데 얼마 지나지 않아서 그만 도랑에 빠지고 말았다. 머리가 온갖 고생을 다하고서야 뱀은 그 도랑에서 나올 수가 있었다.

그러나 다시 얼마를 가다가 이번에는 가시덤불 속으로 처

박히고 말았다. 꼬리가 그 속에서 몸부림칠수록 가시는 점점 더 몸에 깊숙하게 박혔다. 이번에도 머리가 갖은 꾀와 힘을 다해서 뱀은 겨우 가시덤불을 헤쳐 나올 수 있었다.

그러고도 꼬리를 다시 머리 행세를 그치지 않았다. 그런 끝에 이번에는 불구덩이 속에 빠지고 말았다. 마침내 그 뱀은 죽고 말았다.

16. 욕심

어느 마을에 부자가 살고 있었다. 그에게는 다 큰 두 딸이 있어서 모두 시집을 보냈다. 그런데 두 사위의 행동이 너무나 달랐다. 첫째 사위는 꾀만 많고 게으른 사람이었고, 둘째 사위는 미련했지만 성실했다.

모든 재산을 결국 사위에게 물려주어야 하는 부자는 한 가지 꾀를 생각해냈다. 그는 사위들을 불러서 돈을 원하는 대로 줄 터이니 집을 크고 튼튼하게 짓게 했다. 둘째 사위는 장인이 시키는 대로 열심히 일했지만, 첫째 사위는 돈을 제대로 들이지 않고 대충대충 집을 지었다.

어느덧 시간이 지나고 두 사위는 집을 완성했다. 둘째 사위의 집은 크고 튼튼하며 아름다웠다. 그러나 집을 짓는 데 필요한 돈을 거의 절반이나 빼돌린 첫째 사위의 집은 언뜻 보아도 초라하고 볼품이 없었다.

집이 완성되자 부자가 두 사위를 불러서 말했다.

"오늘부터 자네들이 지은 집에서 식구들을 데리고 살도록 하게."

평소에 구두쇠처럼 돈을 아끼던 장인이 남을 위해서 일

을 시킨 것이라고 생각했던 첫째 사위는 땅을 치고 후회
했지만 이미 소용이 없었다. 결국 둘째 사위는 고래등같
은 집에서 떵떵거리고 살았지만, 첫째 사위는 돈을 제대
로 들이지 않아서 찬바람이 스며드는 집에서 평생을 떨면
서 살아야 했다.

17. 레오나르도 다 빈치

　5백여년 전 세계 미술의 중심지였던 이탈리아의 플로렌스 지방에 한 소년이 미술을 공부하러 찾아왔다.

　그 소년은 어려서부터 그림에 대해 남달리 뛰어난 재주가 있었다. 소년을 본 사람들은 누구나 플로렌스 제일의 화가가 될 것이라고 말하곤 했다.

　세월이 흘러 어느덧 청년이 된 소년은 어느 교회로부터 강단 뒤의 그림을 그려달라는 부탁을 받았다.

　그런데 청년은 그 그림의 완성에는 관심이 없고 그저 산이나 바다를 돌아다니며 열심히 스케치만 할뿐이었다.

　그의 공책에는 이상한 그림들로만 가득했다. 청년은 사람들의 생활뿐만이 아니라 사람의 근육과 뼈의 생김새, 새가 날거나 앉은 모습, 그 밖에 여러 가지 모습들을 수 없이 그릴뿐이었다.

　그림에 대한 남다른 소질 때문에 기대를 걸던 사람들은 실망을 금할 수 없었다.

　"저 사람은 아무것도 그리지 못할 거야. 왜 저런 사람에게 교회 그림을 맡겼지?"하며 빈정대는 사람까지 생겨나게 되었다.

그 사람은 그림의 대상을 철저히 알 때까지 그림을 그리지 않았던 것인데, 사람들은 그런 그의 마음을 알아주지 못했던 것이었다.

그가 남긴 많은 그림들 가운데는 오늘날의 헬리콥터, 자동차 그리고 심지어 잠수함까지도 있었다.

이 화가는 〈최후의 만찬〉으로 유명한 레오나르도 다 빈치(1452-1519)였다.

18. 청어잡이

　영국의 북쪽 바다에서 청어잡이를 하는 어부들은 커다란 고민에 빠졌다. 어떻게 하면 바다에서 잡은 청어라는 물고기를 런던까지 산채로 운반할 수 있을까.

　청어는 성질이 고약해서 아무리 산채로 잡았더라도 런던에 도착하기 전에 일찍 죽어버려서 제 값을 받을 수 없었기 때문이었다.

　그런데 유독 한 어부만은 청어를 산채로 배달해서 커다란 이익을 챙겼다. 다른 어부들이 찾아가서 청어가 죽지 않는 비결이 무엇인지 물었다. 그 어부는 한참을 망설이다가 결국에 사람들에게 자신이 알고 있는 비밀을 털어놓았다.

　"비밀이라고? 비밀이라고 할 수까지야 있나. 난 그저 청어가 들어 있는 통에 바다뱀장어를 함께 넣어둔다네."

　다른 어부들이 어이없다는 표정을 지었다. 뱀장어를 함께 넣어두면 물고기는 런던에 도착하기도 전에 모두 잡아먹힐 것이라고 그들은 생각했다.

　그러자 어부가 말했다.

　"무얼 그리 놀라나. 그렇게 하면 몇 마리 정도야 뱀장어

에게 잡아먹히겠지만, 다른 수 백 마리의 청어들은 잡혀 먹
지 않으려고 계속 도망을 다니거든. 그 사이에 런던에 도착
하니 싱싱하지 않을 수 있겠나?"

어부의 말은 사실이었다.

19. 준비된 사람의 축복

1897년 프랑스의 과학자 루이 파스퇴르(1822-1895)는 농부들의 요청으로 닭이 걸리는 콜레라라는 병에 대해서 연구를 하고 있었다.

그러던 어느 날 콜레라에 걸린 닭에게서 뽑아낸 병원균을 한 군데 계속 배양하면 균의 독성이 약해져서 다른 닭에게 주사하더라도 가볍게 병을 앓을 뿐 오히려 그 병에 대한 면역이 생긴다는 사실을 발견하게 되었다. 이 우연한 발견으로 오늘날의 백신을 이용한 예방주사법이 시작되었다.

파스퇴르가 이 귀중한 발견을 특허를 받고 팔았더라면 아마 엄청난 부자가 되었을 것이다. 그러나 파스퇴르는 자신의 연구 결과를 돈을 받고 팔지 않았다. 오히려 인류 전체의 공으로 돌렸다.

나중에 프랑스 사람들이 이 위대한 과학자를 위해서 70회 생일 축하를 열어주었다. 그 자리에서 파스퇴르는 이렇게 말했다.

"여러분, 인생에는 우연이라는 것이 있습니다. 갈팡질팡하지 말고 오로지 한 곳을 파십시오. 그러면 뜻밖에도 진리

의 물줄기를 발견할 것입니다. 그러니 이 우연은 받을 준비
가 된 사람에게만 주어지는 것입니다."

20. 예수님과 가룟 유다의 모델

레오나르도 다 빈치는 〈최후의 만찬〉을 그리면서 많은 어려움을 겪었다. 〈최후의 만찬〉에 나오는 예수님과 가룟 유다의 모델을 어디서 구해야 할지 막막했기 때문이었다.

그러던 어느 날 다 빈치는 피에트로 반디네리라는 어느 성가대원을 만나서 예수님의 모델로 삼아 그림을 그리기 시작했다.

피에트로는 예수님의 모델이 된 뒤에 로마로 음악 공부를 하러 가서 그만 나쁜 친구의 꼬임에 빠져 방탕한 생활을 하게 되었다.

한편, 예수님의 모델을 구해서 그림을 그렸던 다 빈치는 그림의 막바지에 어려움을 겪고 있었다. 예수님을 배반한 가룟 유다의 모델이 되어줄 사람을 발견하지 못했기 때문이었다. 그러던 중 다 빈치는 마침내 유다의 모델을 길거리에서 발견하였다.

다 빈치가 유다의 모델이 되어 달라고 부탁하자 그 사람이 대답하였다.

"선생님, 저는 오래 전에 예수님의 모델이 되었던 피에트로입니다."

다 빈치는 깜짝 놀랐다. 자신이 유다의 모델이 되어달라고 부탁한 그 사람은 다름 아니라 맨 처음에 예수님의 모델이 되었던 성가대원 피에트로였기 때문이었다. 이처럼 똑같은 사람이라고 하더라도 어떻게 사느냐에 따라서 예수님의 얼굴도 유다의 얼굴도 될 수 있다.

2부

천사의 키

21. 돈보다 귀한 시간

　피뢰침을 발견한 벤자민 프랭클린(1706-1790)은 젊었을 때 한동안 서점을 운영한 적이 있었다. 어느 날 한 손님이 책을 이리저리 뒤적이다가 프랭클린에게 물었다.

　"이 책은 얼마입니까?"

　"예, 1달러입니다."

　"책의 가격을 조금 깎아 주실 수는 없나요?"

　"그렇다면, 1달러 15센트만 내십시오."

　손님은 눈을 동그랗게 뜨며 다시 물었다.

　"아니, 1달러라고 해서 좀 싸게 해 달랬더니…손님을 놀리는 거요?"

　프랭클린은 아무렇지도 않은 표정으로 말했다.

　"그럼 1달러 50센트만 주십시오."

　"당신 미쳤소?"

　"손님, 원래 시간은 돈보다 귀한 것입니다. 그런데 손님께서 자꾸 시간을 소비시키니 책값에 시간이라는 비용이 보태져서 책값이 자꾸 올라가는 것 아니겠습니까?"

　손님은 프랭클린의 말을 듣고 아무 말도 하지 못했다.

22. 참된 일꾼이란

어느 장사꾼에게 작은 배 한 척이 있었다. 그는 봄이 되면 가족들과 어울려 배를 타고 물고기를 잡는 것을 커다란 즐거움으로 알았다.

가을이 지나자 장사꾼은 호숫가에 묶어놓은 배를 뭍으로 끌어올렸다. 배를 점검하던 그는 깜짝 놀랐다. 배 밑에 작은 구멍이 뚫려 있었다. 장사꾼은 구멍 뚫린 배를 타고 호수에서 낚시질했다는 게 믿어지지 않았다. 하마터면 가족 모두가 물에 빠져 죽을 수도 있었기 때문이었다.

장사꾼은 어차피 겨울에는 호수가 꽁꽁 얼어서 배가 다닐 일이 없을 테니 색칠만 새로 하기로 마음을 먹었다. 날씨가 풀리면 배의 구멍을 막을 셈이었다. 그는 동네에서 배의 색칠을 맡고 있는 사람에게 그 일을 맡겼다.

이듬해 봄이 돌아왔다. 장사꾼은 배를 타고 싶다고 조르는 아들들 때문에 배를 내줬다. 두 아들이 배를 타고 나간 지 2시간이 지난 뒤에 장사꾼은 배의 구멍을 막지 않았다는 게 갑자기 생각났다. 아들들은 수영도 제대로 하지 못했다.

장사꾼은 끔찍한 생각에 허겁지겁 호수를 향해서 달렸다. 그런데 장사꾼의 걱정과는 달리 두 아들은 멀쩡히 집을 향해 걸어오고 있었다. 그는 아들들에게 아무 일이 없었는지 물었다. 두 아들은 겁에 질려 얼굴이 하얗게 된 아버지를 이해할 수 없었다.

　장사꾼은 급히 배를 뒤집어 보았다. 구멍은 깔끔하게 막혀 있었다. 그는 급히 선물꾸러미를 싸들고 배에 칠을 한 사람을 찾아갔다. "배에 칠한 삯은 이미 받았는데, 이선물은 또 뭡니까?" 장사꾼은 그에게 막무가내로 선물을 안겼다. 그리고 나서 말했다.

　"나는 당신에게 배의 칠만 맡겼는데, 배에 뚫린 구멍까지 막아주었습니다. 그 덕분에 물에 빠져 죽을 뻔한 두 아들이 목숨을 건졌습니다. 당신의 꼼꼼한 일 처리 덕분에 말입니다. 고맙습니다."

23. 배반자의 마지막

소아시아 지역에 사는 그리스도인들에게 박해가 몰아닥쳤다. 병사들은 집집마다 돌아다니며 예수님을 믿는 듯한 사람들은 모두 감옥에 가두고 모진 고문을 가했다. 사람들은 그리스도인이라는 이유 하나 때문에 엄청난 고통을 겪어야 했다. 이 때문에 예수님을 믿지 않기로 결심하는 사람들도 적잖이 생겨나기 시작했다.

어느 수도원에서도 14명의 사람들이 끌려나왔다. 마을 사람들은 예수님을 누구보다 잘 믿는 그들을 마음속으로 크게 의지하고 있었다. 이것을 아는 지휘관은 수도사들의 믿음을 모두 빼앗아 버릴 결심을 단단히 했다.

지휘관은 공터에 커다란 얼음과 따뜻한 물이 담긴 통을 준비시키고 난 뒤에 수도사들을 밖으로 끌어냈다. 14명에게 모두 옷을 벗고서 얼음 위로 올라가도록 지시했다. 수도사들은 벌거벗은 채 차가운 얼음 위에 무릎을 꿇고 앉았다. 지휘관이 말했다.

"누구든지 예수를 믿지 않겠다는 말만 하면 옆에 있는 따뜻한 물에 들어가도록 허락하겠다. 말만 하라! 살려주겠다!"

한 사람도 얼음 위에서 움직이지 않았다. 차가운 얼음 위에 앉아 있는 14명의 수도사들이 겪는 고통은 이만저만이 아니었다. 무릎과 발이 떨어져나갈 것 같았다. 겨울 바람까지 세게 불었다. 어느덧 한 시간이 흘렀다. 그러나 누구 하나 예수님을 믿지 않겠다고 나서는 사람은 없었다.

지휘관의 입에서 한숨이 흘러나왔다. 또 한 시간이 흘렀다. 수도사들의 몸은 얼어가기 시작했다. 그때 한 사람이 손을 겨우 들며 말했다.

"나는 예수를 믿지 않겠소! 살려주시오!"

지휘관은 당연하다는 표정을 지으며 병사들을 시켜서 그 사람을 목욕통 안에 들여놓았다. 겨울 바람과 찬 얼음 위에서 이미 꽁꽁 얼어버린 그는 따뜻한 물 속에 들어가는 순간 심장마비를 일으켜서 죽고 말았다.

나머지 사람들도 시간이 지나면서 심한 추위 때문에 얼어죽기 시작했다. 지휘관이 한심하다는 듯 혀를 찼지만 그 사이에 차가운 얼음 위에서 사람들은 모두 얼어죽고 말았다.

지휘관은 죽은 사람들을 내버려 둔 채 병사들을 데리고 그 곳을 떠났다.

병사들이 떠나자 마자 하늘에서 밝게 빛나는 면류관이 14개가 둥실둥실 내려왔다. 면류관들은 주인을 찾기나 하는 듯이 얼음 위에서 목숨을 잃은 사람들 머리 위에 하나씩 내려앉았다. 13개의 면류관이 주인을 찾았다. 그러나 마지막 1개의 면류관은 주인을 찾지 못한 채 허공을 떠 다녔다. 그 면류관의 주인이 예수님을 부인하고 목욕통 안에서 세상을 떠났기 때문이었다.

24. 땅 한 평

어느 욕심 많은 농부 하나가 천사를 만났다. 천사가 농부에게 말했다.

"하나님께서 당신의 소원 한 가지를 들어주시라고 하셨소. 당신이 하루 동안 달릴 수 있는 크기만큼의 땅을 당신에게 주도록 하겠소."

농부는 그 말에 크게 기뻐하면서 마구간에서 말 한 필을 꺼내왔다. 그리고는 천사에게 감사하는 것도 잊은 채 바삐 말을 몰아 달리기 시작하였다.

그 사람은 될 수 있는 한 멀리 돌아서 제 자리로 돌아와야 했다. 천사가 그에게 해 지기 전까지 돌고 오는 땅을 주기로 약속하였기 때문이었다.

농부는 있는 힘을 다해서 말을 몰았다. 그의 온몸은 곧 땀에 흠뻑 젖었다. 말이 땀에 젖은 것은 두말할 나위가 없었다. 조금이라도 적게 달리면 그만큼 자신의 땅이 줄어들기 때문이었다.

마침내 농부는 해가 질 무렵에 처음 천사와 만났던 그 자리로 돌아왔다. 천사는 농부를 맞으며 이렇게 말했다.

"자, 이제 오늘 이후로 당신이 돌아온 이 땅은 당신의 것이오."

　그러나 기뻐해야 할 농부는 너무 힘들고 지쳐서 그만 그 자리에 쓰러져서 숨을 거두고 말았다.

　사람들은 죽은 농부를 땅 속에 장사지냈다. 그 땅의 크기는 고작 한 평에 지나지 않을 뿐이었다.

25. 영국 신사 이야기

새벽마다 산책을 나가는 어느 신사가 있었다. 신사는 새벽이 되자 역시 산책을 나섰다. 그날 따라 안개가 심하고, 날씨가 찼다. 신사는 습관대로 천천히 걸으며 이 생각 저 생각을 했다. 그런데 갑자기 길옆에 앉아 있던 거지 하나가 구걸을 했다.

"잘 차려 입으신 어르신, 불쌍한 거지에게 먹을 것을 주십시오."

신사는 주머니를 뒤져보니 동전이 하나 밖에 없었다. 산책길에 지갑을 가지고 나오지 않은 탓이었다. 신사는 그것을 거지에게 주었다. 그러자 거지는 동전을 받고 고개를 숙여 감사했다.

신사는 계속해서 산책을 했다. 안개가 심해서 앞에 제대로 보이지 않았지만 신사는 옷깃을 세우고 걸었다. 그런데 또다른 거지가 길을 가로막으면서 도와달라고 사정했다. 신사가 아무것도 가진 게 없다고 이야기했지만 거지는 막무가내였다. 어쩔 수 없이 신사는 입고 있던 겉옷을 벗어주었다. 거지는 몇 번이나 고개를 숙이며 고맙다고 했다.

신사는 추위도 산책을 계속하기로 했다. 길을 돌아서는데 거지 하나가 길에 쓰러져 떨고 있었다. 거지는 거의 아무것도 걸치지 않은 채였다. 신사는 목에 두르고 있던 목도리와 바지, 그리고 신발을 벗어서 그에게 그곳을 떠났다.

　거지들에게 모든 것을 주어버린 신사는 추운 날씨 때문에 입이 덜덜거릴 정도였다. 산책을 포기하고 집으로 급히 달려가는데 나이 어린 거지가 도와달라고 앞을 가로막았다. 신사는 막막했다. 자신은 아무것도 가진 게 없었다. 어린 거지를 가만히 바라보던 신사는 무슨 생각에서인지 가만히 껴안았다.

　어린 거지에게는 말로 표현할 수 없을 정도의 냄새가 났을 뿐만 아니라 온몸에 상처가 나서 고름이 흐르고 있었다. 신사는 두 눈을 질끈 감은 채 어린 거지의 얼어붙은 몸이 녹기를 기다렸다.

　그런데 갑자기 눈앞이 환해졌다. 해가 뜰 시간이 아직 멀었다고 생각한 신사는 여전히 눈을 감고 어린 거지를 껴안고 있었다. 그러자 조금 뒤에 어린 거지의 몸에서 아주 향기로운 냄새가 나기 시작했다. 신사가 더이상 기다리지 못하고 눈을 뜨자 어린 거지는 간 곳이 없고, 천사가 있었다. 그날 새벽에 만났던 거지들은 바로 그 천사가 변한 모습이었다.

26. 윌리엄 부스와 푸딩

영국에서 구세군을 만든 윌리엄 부스(1829-1912)는 어느 성탄절 이브에 설교를 끝내고 집으로 돌아가는 길이었다. 당시 영국은 무척 가난한 사람들이 많았지만, 그래도 성탄절을 즐기는 사람들이 많았다.

어느 집 앞을 지나던 윌리엄 부스는 창문으로 들려오는 소리에 발걸음을 멈추었다. 모든 사람들이 성탄절을 맞이할 준비를 하고 있는데, 먹을 것이 없어서 걱정하는 소리가 들려왔다. 윌리엄 부스는 그 가난한 사람들을 도울 수 없는 자신에게 화가 났다.

부스는 집에 돌아와서 가족들에게 자신이 겪은 이야기를 털어놓았다. 그리고 다음해 성탄절이 돌아오자 부스는 푸딩 118개를 만들어서 가족들과 함께 어려운 가정들을 방문해서 나누어주었다. 이때부터 구세군은 매년 성탄절이 돌아오면 모금을 해서 어려운 사람들에게 사랑의 선물을 전달하게 되었다. 부스는 처음으로 성탄절 선물을 전달하고 나서 말했다.

"하나님께서 우리의 푸딩을 받으셨다."

27. 벽돌 공장 노동자

미국 필라델피아의 벽돌 공장에 13세의 존이라는 어린 노동자가 있었다. 그는 주일이 되면 언제나 교회에 빠지는 법이 없었다. 그런데 교회로 들어가는 길은 포장이 안 되어 비가 조금만 와도 매우 불편했다. 교회에 다니는 사람들은 모두 불평만 했지 어떻게 할 생각은 하지 않았다.

존은 '하나님께 부탁하면 되지 않을까?' 라는 믿음이 들었다. 존은 그 날부터 매일 공장에서 벽돌을 한 장씩 사다가 교회 앞길에 깔기 시작했다. 사람들은 그런 존을 이상한 눈으로 보았다. 그러나 시간이 지나면서 놀라운 일이 벌어졌다. 존의 모습을 본 교인들이 반성하고서 그 일에 모두 참여하기 시작했다. 덕분에 길은 모두 벽돌로 포장되었고, 내친김에 낡은 교회 건물까지 새로 건축하였다.

이 나이 어린 벽돌 공장 노동자는 나중에 미국의 백화점 왕이라는 별명을 얻은 존 워너 메이커였다. 그는 우리 나라 종로에 있는 YMCA를 비롯해서 전세계에 수많은 YMCA 건물을 지어준 믿음의 사람이 되었다.

28. 하나님의 도우심

뉴헤브리즈 제도에 선교사로 온 존 페이튼은 하나님을 믿지 않으려 드는 마을 사람들 때문에 커다란 어려움을 겪었다. 마을 사람들은 기회가 돌아오면 기독교를 전파하는 선교사 페이튼을 없애기로 결심하였다.

어느 날 밤 마을 사람들은 손에 횃불을 들고 추장의 명령을 따라서 선교사의 집을 에워쌌다. 불을 질러 선교사 페이튼과 가족들을 한꺼번에 죽이려는 계획이었다.

페이튼과 부인은 두려워 떨면서 밤이 새도록 하나님께 도와달라고 기도했다. 날이 밝자 선교사 부부는 깜짝 놀라고 말았다. 밤중에 자신들을 공격하러 왔던 마을 주민들이 완전히 사라졌기 때문이었다.

한 해가 지나자 마을의 추장이 기독교를 믿게 되었고, 마을 사람들도 그를 따라서 모두 교회에 출석하게 되었다. 선교사 페이튼은 회개하고 기독교를 믿기로 작정한 추장에게 한 해 전의 일을 물었다.

"저는 그날 밤에 다시는 살아날 수 없을 것이라고 생각했습니다. 그런데 아침에 보니 아무도 없더군요. 어떻게 된 일이었습니까?"

추장이 의아한 듯 물었다.

"선교사님과 함께 있던 사람들은 누구였습니까?"

선교사 페이튼은 추장의 말을 이해할 수가 없었다. 그러자 추장이 말했다.

"우리가 선교사님을 공격하려고 집 주위를 에워싸려고 하자 빛나는 옷을 입은 건장한 사내들이 칼을 들고 벌써 집을 지키고 있는 겁니다. 우리는 너무도 무서워서 도망치지 않을 수 없었습니다."

그들은 바로 하나님이 선교사 페이튼을 돕기 위해서 보낸 천사들이었다.

29. 맥아더의 시험 성적

　맥아더 장군(1880-1964)은 미국 육군사관 학교를 전부 〈수〉를 맞고서 졸업했을 정도로 뛰어난 머리를 가지고 있었다. 그런데 이런 맥아더도 〈수〉를 받지 못할 뻔한 적이 있었다.

　어느 날 맥아더는 운동을 하다 다리를 다치는 바람에 수학 시험을 치르지 못하게 되었다. 사관학교에서 수학을 가르치는 교관은 맥아더의 평소 실력을 알고 있었기 때문에 시험을 치르지 않았더라도 〈우〉를 주었다.

　맥아더는 그것을 알고서 다리를 절면서 교관을 찾아갔다. 맥아더가 말했다.

　"교관님, 수학 시험을 다시 치르게 해주십시오."

　수학을 가르치는 교관은 알 수 없다는 표정을 지었다.

　"왜, 〈우〉가 마음에 들지 않는가?"

　"아닙니다. 시험도 보지 않았는데 〈우〉를 주신 것은 감사하게 생각하고 있습니다."

　"그런데?"

　맥아더가 대답했다.

"네! 저는 남에게 동정을 받아서 〈우〉를 받는 것보다 저의 실력으로 〈수〉를 받고 싶습니다."

　맥아더는 결국 아무도 없는 교실에서 혼자 시험을 치러서 기어이 〈수〉를 받고 말았다.

30. 용서를 거절한 사람

　미국 서부에서 어느 청년이 친구와 사소한 다툼을 벌이다가 권총으로 쏘아 죽이고 말았다. 청년은 그 때문에 교수형의 판결을 받고 감옥에 갇혔다.

　청년을 사랑하고 아끼는 친척과 친구들이 진정서를 준비하게 되었고, 이웃의 많은 사람들도 그것을 알고 서명을 해주었다. 마침내 그 진정서가 주지사에게 전달되었다. 주지사는 많은 사람들이 서명을 한 진정서를 보고 청년을 사면하기로 결심했다.

　주지사는 사면장을 써서 주머니에 넣고 성경을 든 채 감옥으로 갔다. 그런 주지사를 본 청년은 갑자기 벌떡 일어나더니 철창문으로 다가오며 소리쳤다.

　"가까이 오지 마시오! 보기도 싫소. 당신 같은 사람은 벌써 일곱 번이나 만났소. 나도 이곳에 오기 전에는 교회를 다녔소."

　그러자 주지사는 난처한 표정을 지으며 말했다.

　"하지만 젊은이, 내가 자네를 위해서 가져온 것이 있으니…"

청년은 주지사가 미처 말을 끝맺기도 전에 화를 내며 다시 말했다.

"듣기 싫어요!"

여러 번 부탁을 해도 청년이 들을 생각을 하지 않자, 어쩔 수 없이 주지사는 사면장을 들고 다시 돌아갔다.

주지사가 돌아가고 난 뒤에 간수가 다가와서 말했다.

"지금 다녀가신 분은 주지사님일세. 그분은 자네를 용서하는 사면장을 주머니에 넣고 왔지만 자네가 말할 틈도 주지 않아서 그냥 돌아가셨네."

그 말에 당황한 청년은 편지를 주지사에게 보내어 용서를 구했지만 답장이 없었다.

드디어 사형 집행일이 되었다. 사형을 집행하는 사람들이 청년에게 마지막으로 할 말이 없는지 물었다.

"예, 있습니다. 내가 죽는 것은 다른 사람을 죽였기 때문이 아니라 주지사님의 용서를 받아들이지 않았기 때문입니다. 다른 사람들에게 말씀해주십시오. 용서가 주어질 때 받아들이라고요."

31. 우정의 열매

　한 소년이 부모님을 따라서 시골에 놀러왔다. 날씨가 무척 더워서 그 소년은 강으로 수영하러 갔다. 한참 수영을 즐기던 소년은 발에 쥐가 나는 바람에 물이 깊은 곳에서 위험에 빠지고 말았다.

　강가를 지나가던 시골 소년이 살려달라는 소리를 들었다. 시골 소년은 죽어 가는 소년을 살리기 위해서 위험을 무릅쓰고 강으로 뛰어들었다. 결국 몇 번의 시도 끝에 시골 소년은 물에 빠진 소년을 구할 수 있었다. 그 뒤로 둘 사이에는 우정이 깊어졌다.

　시골에 놀러온 소년은 자신의 목숨을 구해준 소년에게 장차 무엇이 되고 싶은지 물었다. 그러자 시골 소년은 의학공부를 하고 싶다고 했다. 도시에서 온 소년은 부모님과 상의해서 시골 소년이 의학공부를 모두 마칠 수 있도록 힘껏 도와주었다.

　시골 소년은 그들의 도움을 받아가면서 열심히 공부했다. 뿐만 아니라 그 소년은 페니실린이라는 새 약을 발견해서 수많은 사람들의 생명을 구해주었다. 많은 사람들이 이제는 어른이 된 시골 소년을 칭찬했고, 1945년에는 노벨상을 받게 되었다. 이 사람이 바로 알렉산더 플레밍이었다.

시골 소년이 강에서 구해주는 바람에 목숨을 구한 도시 소년 역시 어른이 되어 훌륭한 사람이 되었다. 그런데 그가 그만 폐렴에 걸려서 생명이 위독하게 되었다. 그 소식을 들은 플레밍은 페니실린을 급히 보내어 다시 한번 그의 생명을 구해주었다.

32. 순간의 선택

갈림길에서 두 소년이 실랑이를 벌이고 있었다. 한 명은 여름 성경학교를 가자고 하고, 다른 한 명은 멋진 파티에나 가자는 것이었다. 결국 두 소년은 갈림길에서 의견의 일치를 보지 못하고 서로 원하는 방향으로 떠났다.

30년이 지난 뒤에 한 사람이 무거운 범죄를 저질러서 재판정에서 무기징역을 선고받았다. 마지막으로 할 말이 없느냐는 재판장의 질문에 그 사람은 머뭇거리면서 입을 열었다.

"이번에 대통령에 취임한 가필드가 저의 어릴 적 친구입니다. 30년 전에 헤어진 뒤로는 두 번 다시 만나지 못했지만, 그 친구는 우리 나라의 대통령이 되었고 저는 범죄자가 되고 말았습니다."

미국 대통령을 지낸 가필드는 여름 성경학교에 가서 예수를 믿고 프린스턴 대학교를 거쳐서 미국의 대통령이 되었지만, 갈림길에서 멋진 파티를 선택한 친구는 범죄자의 길에 들어서서 결국 여생을 감옥에서 보내야 하는 죄수가 되고 말았다.

33. 잊어버리지 않은 우유 두잔

영국 로체스터에는 유명한 메이요 병원이 있다. 하루는 이 병원의 운영자인 메이요 박사가 볼일을 보러 가다가 고개에서 타고 가던 자동차가 멈추고 말았다. 메이요 박사는 도움을 청하기 위해서 뜨거운 여름 햇볕 아래 먼길을 걸어서 마을에 도착했다.

마을에 도착하자 어느 부인이 지친 메이요 박사를 보고서 차가운 우유를 건네주었다. 메이요 박사는 우유 한잔을 단숨에 마시고 또다시 우유 한잔을 더 청해서 아주 맛있게 마셨다.

몇 해가 지나서 그 부인은 수술을 받아야만 하는 중대한 병에 걸리고 말았다. 부인은 메이요 병원에 입원해서 대수술을 받고 살아나게 되었다. 그러나 부인은 자신의 많은 치료비가 너무 걱정스러워서 병에서 회복된 게 그리 기쁘지 않았다.

메이요 병원에서 몸이 완전히 회복된 부인에게 간호사가 수술과 치료비 청구서를 가져왔다. 청구서를 받아든 부인은 깜짝 놀라고 말았다. 청구서 아래에는 다음과 같은 말이 쓰여 있었다.

"치료비 천오백불은 두 잔의 차가운 우유로 이미 지불되었음. 메이요 박사."

메이요 박사는 시골의 어느 부인이 더위에 지친 자신에게 대접한 차가운 우유 두잔을 결코 잊지 않고 있다가 기회가 돌아오자 은혜를 갚은 것이었다. 부인은 메이요 박사의 친절 때문에 아무 말도 못한 채 눈물을 흘리고 말았다.

34. 알렉산더 대왕과 부하

알렉산더 대왕(주전 336-323)이 전쟁터에서 잠시 패배하고 쫓기는 신세가 되었다. 알렉산더는 도망하면서도 어쩐 일인지 짐을 포기하지 않으려고 했다. 알렉산더 대왕이 부하들을 모아놓고 말했다.

"이 짐은 무엇보다 소중한 것이니 이것을 들고 갈 수 있는 병사는 앞으로 나서라."

전쟁에서 패하고 급히 도망쳐야 하는 신세라서 병사들은 누구도 앞으로 나서지 않으려고 했다. 알렉산더 대왕이 또다시 이야기했지만 결과는 마찬가지였다. 자신의 목숨이 임금의 명령보다 더 급했다.

그때 병사 하나가 앞으로 나서며 말했다.

"저는 팔을 한쪽 다쳤지만 두 다리와 나머지 한쪽 팔이 말짱하니 제가 들고 가겠습니다."

알렉산더는 감격스런 표정을 지으며 짐을 넘겨주었다. 병사는 부상을 당했으면서도 임금이 맡긴 짐은 포기하지 않았다. 다른 병사들은 적이 쫓아오자 쉽게 달아날 수 있었지만 짐을 맡은 병사는 그럴 수 없었다. 겨우겨우 알렉산더를 따라서 몸을 피했다.

알렉산더는 적의 공격을 벗어났다고 생각하자 병사들을 한자리에 다시 불러 모았다. 짐을 든 병사 역시 가까스로 그곳까지 도착했다. 알렉산더가 말했다.

"그 짐을 앞으로 가져오라."

병사가 무거운 짐을 알렉산더 앞에 내려놓았다. 알렉산더가 그 짐의 묶은 곳을 풀자 안에서 온갖 보물들이 쏟아져나왔다. 나머지 병사들의 눈이 휘둥그레졌다.

"나는 이 보물을 책임지고 운반할 사람을 찾았지만 누구 하나 나서지 않았다. 단지 저기 있는 부상을 당한 병사만이 나를 대신해서 이것을 운반하겠다고 나섰을 뿐이었다. 위급한 상황에서도 나를 위해서 목숨을 버릴 각오가 되어 있던 저에게 이것의 절반을 주겠다."

모든 병사들이 짐을 나른 병사를 부러워했지만, 이미 때는 늦은 뒤였다.

35. 점원의 친절

추운 겨울에 어느 노인이 버스 정류장에서 떨고 선 채 버스를 기다리고 있었다. 정류장 가까이에 있던 가구점의 점원은 추운 날씨에 버스를 기다리는 그 노인이 안됐는지 가게 안으로 들어와서 몸을 녹이면서 버스를 기다리라고 권했다. 노인은 물건을 사지 않으니 그럴 수 없다고 버텼지만 젊은 점원은 막무가내였다.

노인은 거듭 말했다.

"사지도 않을 텐데 무엇 때문에 들어갑니까?"

하지만 점원은 그 말에는 신경도 쓰지 않고서 추위에 떠느니 들어와서 가구나 구경하라고 노인의 팔을 끌어당겼다.

점원의 친절 덕분에 노인은 몸을 녹이고 버스를 타고 떠났다. 그 일이 있은 지 며칠이 지난 뒤에 가구점에 편지 한 통이 날아들었다.

〈귀하께서 저의 어머니를 잘 보살펴 주셔서 감사합니다. 새로 꾸미는 사무실에 당신의 가게 물건을 모두 들여놓는 게 좋겠다는 어머니의 말씀을 따르고 싶습니다. 목록을 적

어 보내니 이 가구들을 보내주십시오.〉

　편지 내용에 깜짝 놀란 점원이 봉투를 보니 편지를 보낸 사람은 미국에서도 부자로 소문난 강철왕 카네기(1835-1919)였다. 추운 날 버스를 기다리고 있던 그 노인이 바로 카네기의 어머니였다. 점원이 노인에게 잠시 베풀었던 친절이 커다란 행운이 되어 돌아온 것이었다.

36. 성경의 힘

　남강 이승훈 선생(1864-1930)은 우리 나라가 일본의 지배를 받을 위험에 처하자 사람들에게 이 사실을 널리 알리려고 애를 썼다. 그러나 이런 이승훈 선생의 노력을 이해해 주는 사람들은 그리 많지 않았다. 뿐만 아니라 일부 관리는 일본의 눈치를 보느라 이승훈 선생에게 누명을 씌워서 감옥에 가두기까지 하였다. 선생의 입을 막을 셈이었다.

　평소 부지런하기로 소문난 이승훈 선생이었지만 감옥에 갇히게 되자 달리 할 일이 없었다. 감옥에서 시간을 보내기 위해서 여러 가지 노력을 했다. 그러나 얼마 지나지 않아서 다시 지루해질 뿐이었다. 그러던 어느 날 마루 틈에 끼어 있는 종이 쪽지가 이승훈 선생의 눈에 띄었다. 겨우겨우 꺼내고 보니 그것은 찢어진 성경이었다. 누군가 다음 사람을 생각해서 마루 틈에 밀어 넣어 둔 것이었다.

　예수님을 믿은 적이 없던 이승훈 선생은 성경 조각을 구겨 버리려다가 나중에 심심할 때를 위해서 다시 마루 틈에 집어넣었다. 감옥 안에서 무료하게 시간을 보내던 이승훈 선생은 다시 그 종이를 꺼내어 읽었다. "또 눈은 눈으로 이는 이로 갚으라 하였다는 것을 너희가 들었으나 오직 나는 너희에게 이르노니 악한 자를 대적지 말라 누구든지 네 오른편 뺨을 치거든 왼편도 돌려 대며…"(마 5:38~) 선생은 코방귀를 뀌었다. 성경 쪽지는 또다시 마루 틈 사이에 들어가야 했다.

　그런데 이상한 일이 벌어졌다. 어쩌다 마루 틈에서 성경 쪽지를 꺼내어 읽으면 읽을수록 그 쪽지에 적힌 성경 말씀이 이승훈 선생의 마음을 울렸다. 그러다가 결국 이승훈 선생은 감옥에서 예수님을 영접하게 되었다. 선생은 나중에 사람들에게 이렇게 말했다고 한다. "나는 그 쪽지에 적힌 글에 사로잡혀서 예수를 믿게 되었다. 그 말씀이 내 생애를 뜻있게 살게 했다."

37. 마음먹은 대로

　러시아에서 실제로 있었던 일이다. 철도국에서 일하는 어느 직원이 냉동 화차에 실수로 갇히게 되었다. 아무리 문을 열려고 해도 안에서는 전혀 열 수 없었다. 소리를 지르고, 문을 힘껏 두드려도 모두 헛일이었다. 밖에서 누가 문을 열어주지 않는 한 나갈 수 없었다.

　시간이 흘렀다. 냉동 화차에 갇힌 사람은 이런저런 방법을 다 사용해도 소용이 없자 실망하고 자리에 주저앉았다. 직원은 죽음을 눈앞에 두고서 화차의 벽에 자신의 상태를 기록했다. '몸이 점점 차가워진다…아주 춥다. 하지만 기다릴 수밖에 없다…몸이 점점 얼어간다…정신을 차릴 수 없다…이것이 마지막인 것 같다…오, 제발…'

　직원이 냉동 화차에 갇힌 지 7시간이 지났다. 다른 직원이 화차의 문을 열어보니 그 직원은 이미 세상을 떠난 뒤였다. 그런데 놀라운 사실은 그 냉동 화차는 마침 고장으로 냉방 장치가 전혀 가동되지 않았다. 그런데도 냉동 화차에 갇힌 직원은 으레 냉장차니까 얼어죽을 것이라고 생각하는 바람에 죽고만 것이었다.

38. 한 권의 책이 가져다 준 행운

이탈리아에 장 라코스트라는 청년이 있었다. 그는 홀어머니 밑에서 자라 고생이 이만저만이 아니었다. 라코스트는 공부를 하고 싶었지만 어려운 형편 때문에 말도 꺼내지 못했다. 그는 고민 끝에 스스로 돈을 벌어서 공부를 하기로 마음을 먹었다. 마침 바티칸 시에서 일꾼을 구한다는 소문을 듣고 찾아가서 취직할 수 있게 되었다.

취직이 결정된 다음날 라코스트는 도서관 운영자를 만나기 위해서 대기실에서 기다리고 있었다. 대기실에도 책이 가득했다. 라코스트는 그 책만 보아도 배가 부른 것 같았다. 그는 그 많은 책 가운데 한 권을 골랐다. 먼지가 가득 쌓인 동물에 관한 책이었는데, 지은이는 에미리 페블리에였다. 라코스트는 책장을 넘겼다. 동물에 관심이 많던 그는 어느새 책에 빠져들었다.

약속한 사람이 늦게 오는 바람에 라코스트는 책 한 권을 끝까지 보게 되었다. 그런데 책의 맨 마지막에는 빨간 글씨로 이렇게 적혀 있었다. '이 책을 읽어주신 당신께 감사드립니다. 로마 법원에 가서 보관 서류를 찾으십시오.'

라코스트는 호기심이 발동해서 로마 법원으로 가서 서류를 받아보았다. 서류에는 다음과 같은 내용의 편지가 들어 있었다. '내 책을 처음으로 읽어주신 당신께 나의 전 재산을 드립니다. 나는 평생을 동물을 연구해서 이 책을 썼지만 아무도 관심을 갖지 않아서 모두 태워버리고 이 책 한 권만 도서관에 기증했습니다. 고마움의 표시로 나의 전 재산을 당신께 드리니 법적 수속을 밟으십시오.'

라코스트는 커다란 부자가 되었다. 남들이 읽지 않는 한 권의 책을 읽은 덕분에.

39. 정직한 링컨 I

 링컨(1809-1865)이 우연히 미국의 대통령이 된 것은 아니었다. 그는 대통령이 되기 훨씬 이전부터 정직한 사람으로 이름이 높았다. 링컨이 어느 가게에서 점원 노릇을 할 때의 일이었다. 어느 날 저녁에 장사를 끝낸 링컨은 장부 정리를 하고 있었는데, 이상하게도 돈이 남았다. 몇 번을 거듭했지만 여전히 돈이 남았다. 어느 손님으로부터 돈을 더 받은 것이 분명했다.

 링컨은 곰곰이 생각하다가 어떤 아주머니를 기억해 냈다. 급히 물건을 사가느라 정신이 없던 그 아주머니가 돈을 더 내고 간 게 분명했다. 아주머니의 집은 링컨이 일하는 상점으로부터 무려 3km나 떨어진 곳이었다.

 링컨은 서둘러서 문을 닫은 뒤에 곧장 밤길을 달려가서 그 아주머니의 집으로 갔다. 난데없이 늦은 밤에 찾아온 링컨을 보고서 아주머니는 눈이 휘둥그레졌다. 링컨은 대뜸 사과를 먼저 했다.

 "죄송합니다, 아주머니. 낮에 제가 실수를 해서 돈을 더 받았기에 이렇게 돌려드리러 찾아왔습니다."

링컨의 정직한 모습에 놀란 부인이 물었다.

"얼마나 더 받았나요?"

부인은 링컨의 대답에 더 놀라지 않을 수 없었다.

"12센트입니다."

12센트는 우리 나라 돈으로 약 70원 정도의 아주 작은 돈인데, 링컨은 그 돈을 돌려주러 그 먼 밤길을 달려온 것이었다. 부인은 물론 그 마을 사람들은 링컨의 정직함에 놀라지 않을 수 없었다.

40. 정직한 링컨 II

가게에서 일하던 링컨은 어느 날 손님에게 홍차를 팔았다. 그런데 손님이 나간 뒤에 저울을 다시 보니 실수로 양을 제대로 주지 못한 것을 알게 되었다. 링컨은 제 주먹으로 머리를 치고서 스스로를 탓했다.

가게문을 닫고 일과를 끝낸 링컨은 낮에 제대로 주지 못한 나머지 홍차를 들고서 손님의 집을 찾아갔다. 무려 5km나 되는 거리였다. 이후로 동네 사람들은 청년 링컨을 깊이 신뢰하게 되었다. 때문에 동네에서 다툼이 생기거나 복잡한 문제가 일어나면 그를 찾아와서 지혜를 구했다.

가난하지만 정직한 청년이었던 링컨의 말 한 마디는 누구의 말보다 힘이 있었다. 23살의 가게 점원 링컨은 마을의 재판관처럼 존경을 받게 되었다.

41. 기도하는 손

앨버트 듈러의 〈기도하는 손〉이 그려지게 된 데는 아름다운 사연이 있었다. 듈러는 어려서 그림을 무척이나 배우고 싶어했지만 가난 때문에 마음뿐이었다. 어느 날 비슷한 처지에 있는 친구를 만나서 의논을 하자, 그 친구가 말했다. "내가 식당에서 돈을 벌어서 네 학비를 델 테니, 네가 먼저 공부해. 네가 나중에 화가로 성공하면 내 학비를 대주면 되잖니." 듈러는 친구에게 먼저 공부를 하라고 했지만 막무가내였다.

듈러는 식당에서 일하는 친구를 생각하고 열심히 공부했고, 그런 듈러의 모습을 본 친구 역시 더욱 열심히 일을 했다. 시간이 흘러서 듈러는 그 친구 덕분에 학교를 졸업하고 화가가 될 수 있었다. 그러나 듈러의 친구는 이미 고된 식당일 때문에 손이 굳어져서 화가가 되기에는 불가능했다.

듈러는 그런 친구의 모습을 보는 게 몹시 안타까웠다. 하루는 친구가 일하고 있는 식당을 찾아갔다. 마침 친구는 식당 한 쪽에서 듈러를 위해 기도하고 있었다. 그 친구는 자신이 이루지 못한 일을 듈러가 해 낼 수 있도록 하나님께 기도하고 있는 중이었다.

　뒬러는 기도하는 친구의 손을 바라보았다. 비록 식당에서 힘든 일을 하느라 울퉁불퉁하고 투박한 손이 되어버렸지만, 이세상의 어떤 손도 그보다 아름다울 수 없었다. 뒬러는 붓을 들어서 친구의 기도하는 손을 그리기 시작했다. 이렇게 해서 그려진 게 바로 뒬러의 유명한 그림 〈기도하는 손〉이다.

42. 주일의 사람 에릭 리델

에릭 리델은 〈날으는 영국인〉이라는 별명이 붙여질 정도로 달리기를 잘했다. 리델은 200m, 400m 그리고 800m 등에서 세계 기록을 보유하고 있었다. 리델은 당연히 육상 국가대표 선수로 선발되어서 1924년 올림픽 경기에 출전하게 되었다.

에릭 리델은 여러 면에서 사람들의 관심을 끌었다. 에릭은 흑인들을 사랑하고 이해하는 선수였다. 백인들이 가까이 하기를 꺼리는 흑인 선수들과 포옹이나 악수를 나누는 일이 잦았다.

에릭 리델은 200m 달리기에 나설 예정이었지만, 마침 경기가 열리는 날이 주일이었다. 에릭 리델은 일생에 한번 참가하기도 어려운 올림픽 경기를 위해서 최선을 다해 연습했지만 포기하기로 결심하였다. 기독교인이 주일을 어기는 것은 잘못이라고 생각했기 때문이었다.

에릭 리델이 올림픽 경기를 포기했다는 소문이 퍼지자 사람들은 두 패로 갈라졌다. 한쪽에서는 그의 믿음을 칭찬했지만, 다른 쪽에서는 신앙을 빙자한 위선자라고 비난했다.

에릭 리델을 칭찬하는 사람보다 비난하는 사람이 훨씬 많았다. 영국의 왕실에서까지 나서서 에릭 리델의 결심을 바꾸어 보려고 노력했지만 허사였다.

어쩔 수 없이 올림픽 위원회에서는 경기 일정을 바꾸어 에릭 리델이 경기에 나설 수 있도록 배려했다. 에릭은 경기에서 당연히 금메달을 땄다.

에릭은 올림픽이 끝나고 난 뒤에 평소의 소원대로 중국에 선교사로 갔다. 그는 나머지 생애를 중국에서 선교를 하며 보내다가 포로 수용소에서 세상을 떠나고 말았다.

43. 천사의 키

　어떤 남자가 밤늦게 일을 마치고 집으로 돌아오다가 추위
에 떨고 있는 거지를 발견했다. 거지는 추운 날씨에도 제대
로 옷을 갖춰 입지 않고 있었다. 그 남자는 한참을 망설이
다가 거지를 등에 업고서 집으로 돌아왔다.

　남자가 거지를 집으로 데리고 들어가자 부인이 펄쩍 뛰었
다. 거지는 남루한 옷에다가 땟국물이 줄줄 흘러내렸다. 추
위에 떨고 있는 사람을 그냥 두고 볼 수 없어서 데려왔다는
남편의 말에도 아랑곳하지 않고 부인은 거지를 벌레 보듯
하였다. 당장 내쫓으라는 부인을 잘 설득해서 거지가 며칠
을 묵어갈 수 있도록 했다.

　부인은 남편의 부탁 때문에 거지를 집안에 두기는 했지만
거들떠보지도 않았다. 음식은 먹다 남은 것만 주었고, 옷은
입다가 거의 버릴 정도가 된 누더기만 입혔다. 그리고 거지
때문에 남편과 말싸움을 벌이기 일쑤였다.

　며칠이 지나자 남자도 거지를 집에 데려온 것을 후회하기
시작했다. 거지 때문에 부인과 자주 싸우게 되고 서로 미워
하는 마음까지 생기게 되었다. 남자는 집에 들어가기조차

싫어졌다.

그런데 이상한 일이 벌어졌다. 며칠이 지나자 거지의 몸이 작아지기 시작했다. 처음에는 초등학생처럼 작아지더니 점점 작아져서 갓난아기처럼 작아졌다. 주인 부부는 깜짝 놀랐지만 거지는 계속해서 작아졌다. 이것을 지켜보던 남자는 거지가 작아지는 게 자신들의 탓이라고 생각하였고, 부인도 그제야 잘못을 깨닫고 거지에게 친절을 베풀었다.

따뜻한 밥에 깨끗한 옷을 갈아 입히고, 마주 앉아서 즐거운 이야기를 나누었다. 그러자 또다시 놀라운 일이 벌어졌다. 거지가 조금씩 커지기 시작한 것이었다. 며칠이 지나자 거지는 정상으로 돌아왔고, 이상하게 지저분하던 얼굴이 깨끗해지고 온몸에서 좋은 향기까지 나기 시작했다. 부부는 깜짝 놀라서 그 거지를 자세히 바라보았다. 그러자 거지의 모습은 오간 데 없고 천사가 그 자리에 있었다.

3부

보석 같은 말

44. 디즈니와 생쥐

디즈니라는 청년 미술가가 있었다. 가난한 농부의 아들로 그림이 좋아서 상업 미술학교를 마쳤지만, 그의 실력을 인정해주는 사람은 거의 없었다. 어느 날 자신이 그린 그림을 잡지사 사장에게 가져갔다. 그러나 사장은 그의 그림을 보더니 시큰둥한 표정을 지었다.

"이것도 그림이라고 가져온 거요? 이렇게 형편없는 그림은 평생 처음 보겠는 걸." 잡지사 사장의 말에 디즈니는 기가 꺾이고 말았다. 자신이 힘들여 그린 그림이 다른 사람의 눈에는 쓰레기와 다를 바 없었기 때문이었다. 하지만 그림을 계속 그리고 싶은 마음은 어찌할 수 없었다.

디즈니는 빈털터리 신세였다. 제대로 된 직장이나 그림을 사주는 곳이 없던 디즈니는 어느 부잣집 차고에서 몰래 지내고 있었다. 세를 얻을 돈도 없던 디즈니에게 그곳은 이세상의 어느 집보다 더 좋은 곳이었다.

그런데 디즈니가 차고에서 막 잠이 들려는 순간 생쥐 한 마리가 기어 들어왔다. 디즈니는 생쥐를 보자 너무 외로워서 말을 건넸다. "생쥐야, 너도 나처럼 혼자인 모양이로구나." 디즈니는 자신이 갖고 있던 빵을 떼어 생쥐에게 주면서 그날 겪은 일을 마치 사람에게 하듯 들려주었다.

그러자 생쥐는 약속이나 한 듯이 매일 같은 시간에 디즈니를 찾아왔다. 디즈니는 그런 생쥐의 모습을 그림으로 그리면 어떨까 생각했다. 다음날부터 디즈니는 생쥐를 그리기 시작했다. 하루 이틀 생쥐의 모습이 쌓여나갔다.

이렇게 몇 해가 지난 뒤에 디즈니는 돈을 모아서 만화 영화를 만들었다. 그 만화 영화의 주인공은 차고에서 만난 생쥐였다. 사람들은 디즈니의 만화 영화를 무척이나 좋아했고, 주인공 생쥐는 어린이들의 인기를 독차지했다.

디즈니라는 청년 미술가가 바로 만화 영화와 디즈니랜드 때문에 세계적으로 유명한 월트 디즈니(1901-1966)였고, 부잣집 차고에서 그려진 생쥐는 〈미키 마우스〉였다.

45. 아버지를 살린 종소리

영국에서 싸움이 일어났다. 배시라는 소녀의 아버지는 영국왕 찰스 1세를 위해서 싸웠지만, 싸움에서 지고 말았다. 결국 임금이 바뀌게 되었고 배시의 아버지는 사형을 당하게 되었다. 찰스 1세를 밀어낸 새 임금은 저녁 종소리에 맞추어 배시의 아버지를 사형에 처하겠다고 선포했다.

그 소식을 들은 배시의 가족들은 크게 슬펐지만, 어찌 손쓸 방법이 없었다. 배시도 마찬가지였다. 이제 몇 시간만 있으면 배시의 아버지는 세상을 떠날 수밖에 없었다. 배시는 결국 종지기 할아버지를 찾아가서 부탁하기로 결심했다. 종소리가 울리지 않으면 아버지가 목숨을 구할지도 모를 일이었다.

배시가 종지기 할아버지를 찾아가서 종을 치지 않도록 부탁했지만 할아버지는 그럴 수 없다고 했다. 할아버지는 40년 동안 하루도 빠짐없이 쳐온 종을 치지 않을 수 없다는 것이었다.

종지기 할아버지는 배시의 부탁을 들어주지 못해서 무척 무거운 마음으로 종을 쳤다. 그러자 잠시 뒤에 말발굽 소리

가 요란하게 들려왔다. 왕과 그의 기병들이었다. 왕이 할아
버지에게 호통을 쳤다.

"어째서 종을 치지 않았는가?"

종지기 할아버지는 영문을 알 수 없었다. 자신은 분명히
종을 쳤기 때문이었다.

이상하게 생각한 왕은 종을 확인하도록 부하들을 시켰다.
종을 살피러간 병사는 깜짝 놀라고 말았다. 종의 추에 몸을
묶은 어느 소녀가 피투성이가 되어 있었기 때문이었다. 그
소녀는 바로 배시였다. 배시는 아버지를 살리려고 종소리
가 나지 않도록 추에 자신의 몸을 묶은 것이었다.

사연을 들은 왕은 눈시울을 붉히며 말했다.

"나는 일찍이 이토록 아름다운 일을 보지 못했다. 당장
소녀의 아버지를 풀어주도록 하라."

46. 부활절 계란

십자군 전쟁 때의 일이었다. 어느 부부가 딸 하나를 두고 아주 행복하게 살았다. 그런데 십자군 전쟁에 나갈 병사를 모집하고 있다는 소문을 들은 남편이 가족들과 재산을 가까운 곳에 사는 형에게 맡기고 떠났다.

동생의 가족과 재산을 보호하게 된 형은 몹시 욕심이 많은 사람이었다. 그 형은 이 핑계 저 핑계를 대고서 동생의 재산을 자기 것으로 만들어 갔고, 마침내는 동생의 집까지 빼앗아 버렸다. 동생의 가족은 어쩔 수 없이 고향을 떠나 몇 해 동안 이리저리 구걸을 하며 얻어먹는 신세가 되었다.

온갖 고생을 다하던 부인과 딸은 먹을 것이 없어서 어느 마을 앞에서 쓰러지고 말았다. 동네 사람들은 그 두 사람을 발견하고서 극진히 치료해서 목숨을 구해주었다. 뿐만 아니라 사정을 모두 듣고 난 뒤에는 집과 입을 옷을 마련해주었다.

부인과 딸은 동네 사람들에게 감사하며 열심히 일했다. 어느덧 한해가 지나고 부인과 딸은 먹을 것을 걱정하지 않아도 될 정도로 재산을 모으게 되었다. 부인은 자신들을 구해준 마을 사람들에게 보답하기 위해서 부활절에 잔치를 열기로 하고 사람들을 초대했다.

부인과 딸이 마련한 잔치에는 마을 사람들뿐만 아니라 먼 곳에서까지 소문을 듣고 사람들이 모여들었다. 여러 가지 음식을 마련하고, 특별히 어린이들을 위해서는 삶은 달걀에 성경구절을 기록했다. 어린이들은 부인이 숨겨놓은 달걀을 찾으며 하루를 즐겁게 놀았다.

먼 곳에서 일부러 그곳을 찾아왔던 소년이 놀이에서 얻은 달걀을 먹지 않고 집으로 돌아갔다. 길을 한참 가고 있는데 어떤 허름한 옷차림을 하고 쓰러져 있는 사람을 발견했다. 소년은 한동안 아무 것도 먹지 못해서 쓰러져 있는 그 사람에게 소중히 간직한 달걀을 주었다. 달걀을 받아든 그 사람의 눈이 갑자기 커졌다.

"얘야, 이 달걀은 어디서 구했지?"

달걀에 성경구절을 쓴 사람은 자신의 부인이 분명했기 때문이었다. 소년은 그 사람을 낮에 부활절 잔치를 열었던 집으로 안내했다. 허름한 차림의 사내가 집안으로 들어서자 그곳에는 꿈에 그리던 부인과 딸이 살고 있었다.

부활절 달걀 때문에 다시 만나게 된 세 가족은 이후로 해마다 부활절이 돌아오면 삶은 달걀을 마련해서 동네 사람들을 초대해서 나누어주었다.

47. 노력한 만큼

어느 큰 부자가 있었다. 부자에게는 일을 매우 잘하는 종이 둘이 있었다. 부자는 두 사람을 가족만큼이나 사랑했다. 어느 날 부자는 두 종을 불러서 말했다. "그 동안 고생이 많았다. 내일 날짜로 너희들을 종의 신세에서 풀어주고, 지금껏 고생한 대가도 주겠다." 두 종은 어리둥절해 하면서도 부자의 친절에 감사했다. 그러자 부자는 이렇게 덧붙였다. "그러나 오늘밤까지는 열심히 일해야 한다."

두 종은 믿을 수 없다는 표정을 한 채 자신들이 지내는 방으로 돌아왔다. 그러자 주인에게서 연락이 왔다. 볏짚을 다섯 단씩 줄 터이니 오늘 밤 안으로 새끼줄을 모두 꼬아놓으라는 것이었다. 볏짚 다섯 단을 일일이 손으로 꼬아서 새끼줄을 만들어야 했다.

한 종이 말했다. "어차피 내일이면 종의 신세도 끝나는데 열심히 일할 필요가 있나. 그냥 대충하세." 그러자 다른 종은 부지런히 새끼를 꼬면서 말했다. "아닐세, 우리를 종에서 풀어주신 주인님의 은혜를 생각해서 열심히 일하도록 하세." 먼저 이야기를 꺼낸 종은 얼굴을 찡그리면서 쉬엄쉬

엄 새끼줄을 꼬았다.

　날이 밝자 부자가 두 사람에게 지난밤에 만든 새끼줄을 가져오라고 했다. 한 사람은 열심히 일을 했던 탓에 길고 단단했지만, 나머지 한 사람의 것은 짧고 엉성했다. 부자는 두 사람에게 말했다. "자, 저기 엽전을 잔뜩 쌓아놨으니 가져가고 싶은 만큼 가져가도록 하거라. 너희들이 고생한 대가이다. 하지만, 어젯밤에 자신이 만든 새끼줄로 엮어가야만 한다."

　부지런히 일한 종은 자신이 만든 긴 새끼줄에 엽전을 잔뜩 엮어갔지만, 마지막 날이라고 게으름을 피우던 종은 자신이 일한 대가도 제대로 챙기지 못한 채 부자의 집을 떠나는 신세가 되고 말았다.

48. 요술 돌멩이

옛날에 자기밖에 모르는 마을 사람들이 있었다. 사람들은 서로 마주쳐도 아는 체 하지 않았고, 대낮에도 대문을 걸어 잠그고 지냈다. 어느 나그네가 그 동네를 지나다 배가 고파서 집집마다 문을 두드렸지만 누구 하나 내다보지 않았다. 나그네는 한 가지 꾀를 냈다. 나그네가 동네 한복판에 서서 소리쳤다.

"내게 요술 돌멩이가 있는데, 이것을 넣고 끓이면 둘이 먹다 죽어도 모를 죽이 된다오."

나그네의 말을 들은 동네 사람들은 너도나도 모여들었다. 나그네는 솥에 돌과 물만 넣고 끓이기 시작했다. 동네 사람들은 숨을 죽이고 나그네를 지켜보았다. 물이 끓기 시작하자 나그네는 국자로 맛을 보았다.

"맛이 덜 들었군. 감자가 하나 있으면 맛이 참 좋을 텐데…"

그러자 곁에서 보고 있던 한 사람이 금새 감자를 가져왔다. 나그네는 감자를 넣고 끓이다가 다시 말했다.

"소고기를 조금 넣으면 맛이 한결 맛이 있을 거요."

그 말이 끝나기가 무섭게 어느 아주머니가 급히 소고기를 집에서 가져왔다.

나그네는 보글보글 끓는 솥단지를 보면서 "소고기를 넣었지만 야채가 없으니 맛이 제대로 날지 모르겠군"이라고 말하면서 혀를 찼다. 그러자 동네 사람들은 너도나도 집에 가서 여러 가지 야채들을 가져왔다. 나그네는 알듯모를 듯한 웃음을 지으며 말했다. "그릇이…" 말이 끝나기가 무섭게 그릇이 준비되었고, 어떤 사람들은 시키지도 않았는데 먹을 것을 내오기도 했다.

마침내 죽이 다 끓자 나그네는 사람들에게 일일이 죽을 퍼주었다. 사람들은 자신들이 조금씩 가져온 음식 재료로 만들어진 죽이 너무 맛이 있었다. 나그네는 너무 좋아하는 사람들에게 말했다.

"여러분이 지금 맛있는 죽을 먹을 수 있는 것은 내가 집어넣은 돌 때문이 아닙니다. 그것은 그냥 돌일 뿐입니다. 죽이 맛있게 된 것은 여러분이 가져온 재료들 때문이었습니다."

동네 사람들은 어리둥절한 채 서로 바라보았다. 자신들이 가져온 조그만 재료들이 그토록 맛있는 죽을 만들었다는 게 믿어지지 않았다. 나그네가 떠나고 나자 사람들은 서로 닫힌 문을 활짝 열고 맛있는 음식을 먹으며 이웃끼리 다정한 인사를 나누게 되었다.

49. 도둑들의 욕심

세 명의 도둑들이 힘을 합해서 어느 마을에서 가장 돈이 많은 부잣집을 털기로 약속을 했다. 세 도둑은 아무도 몰래 부잣집의 담을 넘어 들어가서 창고에 모아둔 금과 은, 그리고 온갖 보석들을 한아름 훔쳐내어 달아났다.

도둑들은 부자가 사람들을 시켜서 좇아올까봐 밤이 새도록 달려서 한참 떨어진 어느 산꼭대기에 모였다. 도둑들이 훔친 물건을 모두 꺼내자 자신들조차 놀랄 정도로 많았다. 세 명의 도둑들은 그것을 똑같이 나누어 갖기로 약속했다.

도둑 하나가 말했다.

"이렇게 많은 보석을 얻었으니 술이나 한잔하도록 하세. 자, 자네가 산 아래에 있는 술집에 가서 술 한 병을 사 가지고 오게."

그래서 도둑 가운데 하나가 술을 구하러 자리를 떴다. 한 명이 술을 구하러 가자 나머지 두 사람은 서로 머리를 맞대고 훔친 보석들을 둘이서만 나눠 가질 의논을 했다. 두 사람은 한 명이 술을 구해가지고 오면 몽둥이로 쳐서 죽이기로 결심하고 준비했다.

시간이 흘러 술을 구하러 갔던 한 사람이 돌아오자 두 도둑은 약속대로 몽둥이로 해치워버렸다. 많은 금은 보화를 둘이서 나누어 갖게 된 두 도둑은 너무 기뻐서 죽은 사람이 마련해온 술을 나누어 마셨다.

    밤에 재산을 몽땅 잃어버린 부자는 사람들을 모아 도둑들을 잡으러 길을 떠났다. 부자는 사람들과 함께 도둑들이 마지막으로 쉬던 산꼭대기에 도착해서 깜짝 놀라고 말았다. 금은 보화는 모두 그대로 있고 세 도둑들은 모두 피를 흘리고 죽어 있었기 때문이었다.

    부자는 죽은 도둑들을 살펴 본 뒤에 혀를 찼다. 두 명의 도둑은 한 명을 몽둥이로 죽였고, 먼저 죽은 그 도둑은 나머지 도둑들을 해치우고 혼자서 보물을 가지려고 술에 독약을 탔던 것이다. 두 명의 도둑은 그것도 모른 채 술을 마시다가 죽고 말았다.

50. 하인과 닭

아주 부지런한 할머니가 여러 명의 하인들을 부리고 있었다. 이 할머니는 첫 새벽에 닭이 우는 소리가 들리면 잠자리에서 일어나 곤히 잠에 빠진 하인들을 깨워 일으켰다.

"자, 다들 일어나거라. 닭이 울었으니 이제 곧 날이 밝을 거다. 어서 일어나서 일을 해야 할 게 아니냐? 어서들 일어나거라."

하인들은 저녁 늦게까지 일하고 조금 잠을 자려고 하면 캄캄한 새벽부터 깨우는 할머니의 등살을 견디기가 무척 어려웠다. 어느 날 저녁 하인들은 한자리에 모여서 늦게까지 잠을 더 잘 궁리를 하게 되었다. 그 중 하나가 무릎을 탁 치며 말했다.

"첫 새벽부터 울어대는 닭 때문에 일찍 일어나야 하니까 주인 할머니 몰래 닭을 죽여 버리세. 닭만 안 울면 할머니가 꼭두새벽부터 일어날 리도 없고, 그러면 우리는 늦게까지 잠을 잘 수 있으니 얼마나 좋겠는가."

하인들은 모두 그 사람의 생각이 좋다고 찬성했다. 한 사람이 가서 할머니의 눈을 피해 닭을 죽여버렸다. 그 이튿날

아침 하인들은 새벽 일찍 일어나지 않고 늦게까지 잠을 잘 수 있었다. 닭소리가 나기만을 기다리던 주인 할머니가 날이 새어서야 하인들을 깨웠기 때문이었다. 하인들은 자신들이 생각한 대로 이루어지자 너무 즐거웠다.

그런데 그 다음날부터 주인 할머니는 새벽잠을 깨워주는 닭이 없었기 때문에 밤중부터 하인들을 깨우기 시작했다.

"닭도 없는데 이렇게 게으름을 피우면 농사는 누가 짓고, 집안 일은 어찌 할 수 있겠느냐? 어서 일어들 나거라."

하인들은 이렇게 해서 늦게까지 일을 하고서도 거의 잠을 자지 못한 채 그전보다 더 일찍 잠자리에서 일어나야 했다. 하인들이 닭을 죽인 것을 후회했지만 이미 때는 늦은 다음이었다.

51. 보석 같은 말

어느 부부가 어린 딸과 함께 행복하게 살았다. 어느 날 부인은 심각한 병에 걸려 세상을 떠나고 말았다. 어린 딸을 홀로 키우게 된 아버지는 부인을 다시 얻었다. 두 번째 부인이 된 사람에게도 딸이 있었는데, 어머니와 마찬가지로 성격이 매우 교만하고 나빴다.

어머니는 전 부인의 딸을 몹시 미워해서 온갖 힘든 일을 시키고 밥도 부엌에서 혼자 먹게 했다. 새 어머니에게 미움을 받던 딸은 집에서 멀리 떨어진 숲에 가서 물을 길어와야 했다.

하루는 딸이 샘에 도착해서 열심히 물을 항아리에 담고 있는데 할머니가 다가와서 물을 마시게 해달라고 간청했다. 마음씨 고운 딸은 물그릇을 깨끗이 닦아서 할머니에게 시원한 샘물을 건네주었다. 할머니는 물을 다 마시고 나서 말했다.

"얘야, 너는 참 마음씨가 고우니 내가 선물을 주어야 겠다."

할머니는 그 딸이 자신을 어떻게 대접하는지 알아보러 온 천사였다.

"앞으로는 네가 말을 한 마디 할 때마다 보석과 꽃이 나올 것이다."

할머니는 그 말을 하고 난 뒤에 사라졌다. 딸이 숲에서 늦게 돌아오자 새 어머니가 호되게 꾸짖었다.

"죄송합니다. 어머니."

불쌍한 딸이 말하는 순간 입에서 장미 두 송이와 두 개의 다이아몬드, 그리고 진주 두 개가 쏟아졌다.

깜짝 놀란 새 어머니는 어찌된 일인지 미워하는 딸에게 물었다. 그러자 딸은 숲속에서 겪은 일을 모두 이야기했다. 새 어머니는 자신의 딸을 불러다 말했다.

"애야, 얼른 숲속에 물을 길러 가거라. 너도 이 아이처럼 입에서 보석이 나오도록 할머니에게 부탁하거라."

자기만 생각하는 딸은 입을 내밀면서 대답했다.

"저 아이의 입에서 나오는 보석을 모두 가지면 되지 내가 무엇 하러 힘들게 그곳까지 가야 하나요?"

새 어머니는 툴툴거리는 딸에게 물 항아리를 안겨서 숲

속의 샘으로 보냈다. 욕심 많은 딸이 숲속에 도착하자 어느 아름다운 여인이 다가와서 마실 물을 달라고 했다. 그러자 딸은 교만하게 말했다.

"내가 당신에게 물이나 떠주려고 이곳에 온 줄 아나요? 마시고 싶으면 혼자서 마시세요."

이번에는 젊은 여자로 변장한 천사가 딸에게 말했다.

"너는 예의라고는 하나도 없구나. 이제부터 네가 말을 한 마디씩 할 때마다 입에서 뱀과 개구리가 나올 것이다."

숲에서 자신의 딸이 돌아오자 새 어머니가 물었다.

"숲속에서 누구를 만났니?"

마음씨 고약한 딸이 대답했다.

"젊은 여자요."

그러자 입에서 뱀과 개구리가 떨어졌다. 마음씨 나쁜 딸은 이후로도 계속해서 뱀과 개구리가 입에서 나왔고, 마음씨 고운 딸에게서는 보석과 꽃이 끊이지 않고 나왔다.

52. 왕과 매

몽고의 영웅이었던 징기스칸(1162-1227)이 어느 날 훈련시킨 매를 가지고 부하들과 함께 사냥을 나섰다. 징기스칸이 기르는 매는 주인의 말 한 마디에 하늘 높이 날아올라서 사슴이나 토끼를 찾으면 재빠르게 덮쳤다.

징기스칸과 부하들은 하루 종일 사냥감을 찾았지만 번번히 허탕이었다. 결국에는 사냥을 포기하고서 돌아가기로 결심하였다. 부하들을 앞서 보낸 징기스칸은 자신이 그전부터 알고 있던 지름길을 택해서 돌아왔다.

더운 여름날 가파른 지름길로 오던 징기스칸은 목이 몹시 말랐다. 우기가 지난 터라 가까운 곳에는 물을 마실 데가 없었다. 징기스칸은 자신이 그전에 보아두었던 샘을 생각해 냈다.

징기스칸이 겨우 샘에 도착했지만 더운 날씨 때문에 한 방울씩 떨어지고 있었다. 징기스칸은 자신의 은잔을 꺼내어 물을 받았다. 한 잔을 채우는 데도 무척이나 오래 걸렸다. 겨우 물이 다 채워져서 마시려는 순간 강한 바람이 부는 바람에 은잔을 떨어뜨리고 말았다. 자신이 기르는 매가

한 짓이었다. 징기스칸은 잔을 주어서 다시 물을 받기 시작
했다.

이번에는 물이 찰 때까지 기다리지 못했다. 징기스칸은
반쯤 찬물을 마시려고 입으로 가져갔다. 그러나 잔이 입술
에 닿기도 전에 매가 날개로 쳐서 또다시 떨어뜨리고 말았
다. 징기스칸은 겨우 화를 참으면서 다시 물을 받아 마시려
고 했다. 그러나 매 때문에 역시 물을 마시지 못하고 말았
다. 그는 정말 화가 났다.

"네가 감히 어찌 이럴 수 있느냐?"

화가 난 징기스칸이 소리질렀다.

"내 손에 잡히면 목을 비틀어버리겠다!"

그리고 나서 다시 물을 받아서 마시기 전에 칼을 뽑았다.

"자, 이제 마지막이다. 매야, 한 번 더 그러면 내 칼이 용
서치 않을 것이다."

그 말이 끝나기가 무섭게 매가 달려들어 잔을 떨어뜨리고
말았다. 징기스칸은 그것을 미리 알고서 매가 지나칠 때 칼
로 베어버렸다. 매는 주인의 칼에 맞아서 피를 흘리며 죽고

말았다.

"너 때문에 일어난 일이다."

징기스칸은 물을 마시러 샘의 위쪽으로 올라갔다. 위에는 물웅덩이가 있었다. 징기스칸은 웅덩이에 도착해서 깜짝 놀랐다. 그곳에는 독을 갖고 있는 뱀이 죽어 있었다.

징기스칸은 그제야 매가 자신이 물을 마시지 못하게 한 이유를 알게 되었다. 매는 웅덩이에서 죽은 뱀의 독이 샘물에 섞여 있음을 알리기 위해서 물을 못 마시게 했던 것이었다. 징기스칸은 매의 지혜로움을 알게 되었지만 그때는 이미 모든 게 늦은 뒤였다.

53. 누가 보고 있어요

옛날 어느 게으른 농부가 이웃의 밭에서 밀을 훔쳤다. 동네 사람들의 밭에서 조금씩 밀을 가져가면 누구도 알지 못할 것이라고 생각했다. 그는 달이 구름에 가릴 때까지 기다렸다가 집에서 살금살금 나왔다. 막내딸도 함께 따라 나섰다. 농부가 딸에게 말했다.

"애야, 여기 서 있다가 누가 오면 알려라."

농부는 첫째 밭에서 밀을 훔치기 시작했는데, 얼마 지나지 않아서 딸이 불렀다.

"아버지, 누가 보고 있어요!"

농부는 화들짝 놀라며 주변을 둘러보았다. 그러나 아무도 없었다. 농부는 훔친 밀을 급히 주워담고서 두번째 밭으로 향했다.

"아버지, 누가 보고 있어요!"

농부는 하던 일을 멈추고 다시 주변을 살폈다. 여전히 아무도 없었다. 농부는 밀을 계속 주워담았고 세번째 밭으로 갔다.

잠시 뒤에 딸이 외쳤다.

"아버지, 누가 보고 있다니까요!"

농부는 겁이 나서 주위를 둘러보았다. 아무도 없음을 알고 안도한 농부는 다시 마지막 밭으로 향했다.

"아버지, 누가 봐요!"

딸이 또다시 소리치자 아버지는 밀을 줍다 말고서 화를 벌컥 내며 말했다.

"도대체 왜 자꾸 누가 보고 있다고 말하는 거냐? 아무도 없잖니?"

"아버지!"

딸이 중얼거렸다.

"저 위에서 누가 본다니까요."

54. 욕심의 끝

옛날 황금을 무척이나 좋아하던 임금이 있었다. 임금은 이세상의 무엇보다 금을 좋아했다. 시간이 나기만 하면 지하에 마련한 보석창고에 들어가서 금을 만지고 기뻐했다. 임금은 그 나라는 물론 다른 나라에 소문이 날 정도로 금이 많았다. 하지만 임금은 만족하지 않았다. 어떻게든 금을 더 많이 구하려고 애를 썼다.

어느 날 임금은 왕궁의 지하 창고에서 금을 만지고 즐거워하고 있었다. 갑자기 주변이 어두워지면서 음성이 들려왔다.

"그렇게 많은 금을 가지고 있으니 행복하시오?"

깜짝 놀란 임금이 대답했다.

"하지만 세상에 있는 금과 비교하면 아무 것도 아니니 그리 기쁘지는 않소."

음성이 다시 들려왔다.

"금이 그토록 많은데도 기쁘지 않다고?"

임금이 대답했다.

"그렇소. 내가 만지는 것마다 모두 황금으로 변했으면 좋겠소."

또다시 음성이 들려왔다.

"그것이 소원이라면 내가 들어주겠소. 내일 아침 일어나면 만지는 것마다 모두 금으로 변할 것이오."

임금이 그 다음날 일어나자 그것은 사실이었다. 임금이 만지는 것마다 모두 금으로 변했다. 침대, 잠옷, 가구, 세숫대야, 주전자…. 임금은 신이 나서 방안을 뛰어다니며 손으로 만졌다. 모두 금으로 변했다. 임금은 너무 좋아서 어쩔 줄 몰랐다.

아침식사를 하기 위해서 사과를 집자 금새 황금 사과로 변했다. 우유를 마시려고 손으로 만지자 우유 역시 금이 되고 말았다.

"아름답기는 하지만 먹을 수 없어. 그래도 음식보다야 금이 좋지."

식사를 하지 못하면서도 임금은 마냥 기뻤다. 그때 자신이 사랑하는 외동딸이 달려왔다. 임금은 자신도 모르는 사이에 그만 딸을 두 손으로 잡고 말았다. 딸 역시 그만 황금으로 변하고 말았다. 임금은 눈물을 흘렸다. 그러나 자신의 욕심 때문에 일어난 일이니 누구를 탓할 수도 없었다.

임금은 딸의 웃음을 듣거나 맛있는 음식을 먹을 수 없었다. 임금은 마냥 눈물을 흘리며 한숨을 내쉬었다. 그때 음성이 들려왔다.

"아직도 딸이나 음식보다 금이 좋소?"

임금이 대답했다.

"그렇지 않습니다. 나는 금보다 딸이 더 좋습니다. 모든 금을 포기할 테니 내 딸을 돌려주십시오."

음성이 들려왔다.

"앞으로는 지혜로운 임금이 되시오. 지금 정원을 흐르는 강으로 뛰어가서 물을 떠다가 본래의 모습으로 되돌리고 싶은 것에 뿌리시오."

임금은 벌떡 일어나 강으로 뛰어가서 물 한 통을 채워왔다. 그 물을 자신의 딸에게 부었다. 그러자 딸은 거짓말처럼 얼굴이 본래의 색깔로 돌아왔다.

딸이 물었다.

"아, 아버지! 무슨 일이 일어난 거죠?"

임금은 너무 기뻐서 딸을 껴안았다. 그러나 또다시 황금으로 변하지 않았다.

이후로 임금은 금을 좋아하지 않았다. 금 대신에 태양의 황금빛과 자신의 딸이 지닌 금빛 머리카락을 더 사랑하게 되었다.

55. 책임을 다하는 사람은?

영국을 다스린 훌륭한 왕 가운데 한 사람이었다. 당시 영
국은 덴마크의 침략을 받고 있었다. 알프레드는 군사들을
이끌고 덴마크 군사들과 전쟁을 했지만 싸움에서 지고 말
았다. 알프레드는 겨우 목숨을 건졌고, 군사들은 모두 흩어
지고 말았다. 알프레드는 양치기로 변장하고서 숲속으로
몸을 피했다.

며칠을 숲에서 방황하다가 알프레드는 나무꾼이 사는 초
가집을 발견했다. 지치고 허기진 알프레드 왕은 문을 두드
려서 잠시 쉬어갈 수 있는지 물었다. 나무꾼의 부인은 동정
하는 눈으로 알프레드를 바라보았다.

"들어오세요. 지금 빵을 굽고 있는데 불을 지켜봐 주신다
면 먹을 것을 드리겠습니다. 제가 나가서 우유를 짜오는 동
안 불을 잘 보세요. 빵이 타지 않도록 말이에요."

알프레드는 정중하게 인사를 하고서 불 옆에 앉았다. 그
러나 여러 가지 생각이 쉴 사이 없이 떠올랐다. 어떻게 군
사를 다시 일으켜서 덴마크 사람들을 물리쳐야 할까? 어떻
게 영국을 지킬까? 생각하면 할수록 자신이 없어졌다.

잠시 뒤에 나무꾼의 부인이 들어왔다. 집안에는 연기로 가득하고, 빵은 새까맣게 타버린 뒤였다. 하지만 알프레드는 그 사실도 모른 채 생각에 잠겨 있었다.

　"이 아무 쓸모 없는 녀석아!"

　여자가 호통을 쳤다.

　"도대체 무슨 짓을 한 게냐. 시키는 일은 하지도 못하고 얻어먹을 생각을 해? 우리 모두 저녁을 굶게 생겼다!"

　알프레드는 부끄러워 얼굴을 들지도 못했다. 그때 나무꾼이 돌아왔다. 그는 들어오자마자 부엌에 앉아 있는 사람이 누구인지 알아차렸다.

　"시끄러워!"

　나무꾼이 소리쳤다.

　"이분이 누구신지 알고 소리치는 거야? 이분이 바로 알프레드 왕이시란 말이야?"

　그러자 나무꾼의 부인은 겁에 질려 무릎을 꿇고 용서를 구했다. 그러나 알프레드는 조용히 입을 열었다.

　"일어나십시오. 저를 야단치는 것은 당연한 일입니다. 빵을 지켜볼 의무를 다하지 못했으니 무슨 말을 해도 달게 듣겠습니다. 큰일이건 작은 일이건 책임을 맡은 사람은 책임을 갖고 수행해야 합니다. 이번에는 실패했지만 다시는 이런 실패를 저지르지 않겠습니다."

알프레드는 나무꾼의 집을 떠나 다시 군사들을 일으켜서 덴마크 군인들을 모두 영국에서 몰아내고, 지금도 영국인들이 존경하는 국왕이 되었다.

56. 나라를 멸망시킨 작은 못

영국의 왕 리처드는 병사들을 이끌고 전쟁터에 나섰다. 이 싸움에서 지면 리처드는 왕의 자리에서 물러나야 할 정도로 중요한 전쟁이었다. 리처드는 부하를 시켜서 자신이 아끼는 말이 전쟁에 나갈 준비가 되었는지 확인하도록 일렀다. 부하는 대장장이에게 말했다.

"지금 당장 말을 준비시키시오. 오늘 왕께서 직접 군대를 지휘하실 거요."

대장장이가 대답했다.

"지금 당장은 안 됩니다. 군대 전체가 말의 편자를 갈고 있어서 편자와 못을 만들 철이 부족합니다. 조금만 기다려 주십시오."

왕의 부하가 말했다.

"더 지체할 수 없소. 왕의 적군이 이쪽으로 오는 중이오. 지금 있는 것으로 만드시오."

대장장이는 가지고 있는 철로 편자와 못을 만들었다. 편자는 모두 만들었지만 그것을 박을 못이 부족했다.

"못이 부족해서 편자를 말발굽에 모두 박지 못하겠습니

다."

왕의 부하는 답답하다는 듯이 말했다.

"그러면 못을 다 박지 않으면 될 것이 아니오. 못을 다 박지 않는다고 해서 무슨 일이 있겠소."

대장장이가 말했다.

"못을 박지 않아서 전쟁터에서 편자가 빠지면 어찌합니까?"

왕의 부하는 그런 걱정은 할 필요가 없다고 말했다. 나머지는 자신이 걱정할 일이라는 것이었다. 대장장이는 편자에 못을 다 박지 못하고 일을 끝냈다.

리처드는 자신의 부하가 끌고 온 말을 타고 전쟁터에 나갔다. 리처드는 맨 앞에서 병사들을 이끌었다.

"공격 앞으로!"

리처드는 적을 향해서 자신의 말을 몰았다. 그 순간 말발굽에서 편자가 벗겨지면서 그만 말이 고꾸라지고 말았다. 병사들은 리처드가 넘어지자 도망치기 시작했다. 적이 다가오자 리처드는 다급하게 소리쳤다.

"나에게 말 한 필을 다오! 말을 주는 사람에게 이 나라를 주겠다!"

  그러나 누구도 왕에게 말을 양보하지 않았다. 그때 적군이 밀어닥쳤고, 리처드는 전쟁에서 지고 말았다. 왕의 부하가 우습게 본 작은 못 때문에 리처드는 전쟁에서 지고 말았다.

57. 나도 못 들어간다

어느 흑인 소년이 먼 곳에 있는 흑인들의 교회를 가려고 서둘렀지만 일이 많아 늦고 말았다. 그래도 급히 일을 처리하고서 발걸음을 서둘러 교회로 향했다. 하지만 동네마다 있는 백인들의 교회와는 달리 어쩌다 한 개씩 있는 흑인들의 교회는 멀기만 했다. 가는 데 거릴 시간을 계산하니 도착하기도 전에 이미 예배가 끝날 지경이었다.

급히 길을 걷던 흑인 소년은 어쩔 수 없이 눈에 띄는 백인들의 교회로 방향을 바꾸었다. 백인들이 다니는 교회도 이미 예배가 시작되어 입구에는 아무도 없었다. 흑인 소년은 조용히 예배당에 들어서서 눈을 감고 기도했다. 기도가 채 끝나기도 전에 어느 백인이 소년의 멱살을 잡고 밖으로 끌고 가 내동댕이쳤다.

"냄새나는 흑인 주제에 어떻게 우리와 같이 예배를 드리겠다고 교회에 들어오는 거냐? 썩 꺼지거라! 다시 한번만 교회 앞에서 얼씬거리면 곱게 돌아가지 못할 테니."

흑인 소년은 너무 억울하고 슬퍼서 울음을 터뜨렸다. 자신은 하나님께 예배하고픈 마음으로 교회에 들어갔지만 백

인들은 그런 마음은 아랑곳하지 않고서 자신을 내쫓아버린
게 너무 가슴이 아팠다.

소년이 교회 앞 계단에 쪼그려 앉은 채 한동안 울고 있을
때 누군가 뒤에 와서 등을 토닥거리며 물었다.

"얘야, 어째서 그리 슬프게 울고 있니?"

"교회에 들어가서 예배를 드리고 싶지만 흑인은 들어올
수 없대요."

흑인 소년은 고개를 들지도 못한 채 여전히 울고 있었다.

"그래, 나도 교회에 들어갈 수 없기는 마찬가지란다."

흑인 소년이 울음을 그치고 돌아보자 거기에는 예수님이
서 계셨다.

58. 기도의 힘

패트릭이라는 영국 소년은 전쟁에서 포로가 되어 아일랜드로 끌려갔다. 패트릭은 아일랜드에서 양치기의 일을 하게 되었다. 패트릭은 고향이나 가족이 생각날 때면 하나님께 기도했다. 그러면서 점차 기도에 더욱 힘을 쏟았다.

패트릭은 아침에 일찍 일어나 산 속에 들어가 기도했고, 양을 치다가도 생각이 나면 기도했다. 눈이 내리건 비가 오건 하나님께 열심히 기도했다.

그러는 동안 6년이라는 시간이 흘렀다. 패트릭의 기도는 여전했다. 어느 날 패트릭은 기도하다가 하나님의 음성을 듣게 되었다. 해변으로 가라는 음성을 듣고서 달려가 보니 막 배가 떠날 채비를 하고 있었다.

패트릭은 선장에게 배에서 일을 할 터이니 태워달라고 부탁했다. 패트릭은 그 배를 타고서 프랑스의 어느 마을에 내려서 겨우 꿈에 그리던 영국으로 돌아올 수 있었다.

하루는 패트릭이 기도하는데 어느 음성이 들렸다.

"거룩한 소년이여! 와서 우리와 같이 살자."

패트릭이 생각하고도 싶지 않은 아일랜드에서 들려오는

음성이었다. 패트릭은 원수를 사랑으로 갚기로 결심했다. 그는 아일랜드에 가기 위해서 유럽의 여러 큰 수도원에서 부지런히 공부하고서 아일랜드의 감독이 되어 양과 돼지를 치던 그곳으로 다시 돌아갔다.

　패트릭은 아일랜드의 방방곡곡을 돌아다니면서 열심히 전도했다. 강도나 패트릭을 미워하는 사람들의 위협에도 굴복하지 않고서 부지런히 복음을 전했다. 결국에 가서는 아일랜드에 360개의 교회를 세웠고, 패트릭이 세상을 떠나기 전에 아일랜드가 거의 다 예수님을 믿게 되었다. 이렇게 될 수 있었던 것은 원수를 사랑으로 갚은 기도의 사람 패트릭 때문이었다.

59. 누구에게나 필요한 사람

데이빗 리빙스턴(1813-1873)은 영국의 선교사이자 탐험가로 1849년에 아프리카로 떠나서 평생을 그곳에서 지내다 세상을 떠났다. 영국에서는 그의 시신을 본국으로 옮겨와서 웨스트민스터 교회에서 장례식을 치렀다. 수많은 영국인들이 거리로 나와서 리빙스턴에게 경의를 표했다.

그때 어느 노인이 많은 사람들 뒤에서 홀로 서서 슬프게 눈물을 흘리고 있었다. 이 노인은 리빙스턴의 친구 윌리엄이었다. 윌리엄은 리빙스턴이 아프리카에서 선교하겠다고 나서자 '미친 사람'이라고 말했었다.

윌리엄은 리빙스턴이 아프리카로 떠난 뒤에 큰부자가 되었고 오직 자신만을 위해서 살았다. 윌리엄은 리빙스턴의 장례식에 참석해서 이렇게 말했다.

"리빙스턴은 아프리카에서 고생하며 살았지만 많은 사람이 지켜보는 가운데 이름을 떨치며 세상을 떠나는구나. 나는 이 세상에서 부러울 것 없이 살지만 나 혼자만을 위해서 살았으니 이 얼마나 부끄러운가."

60. 촌뜨기 수영선수의 준비운동

이름이 전혀 알려지지 않은 어느 수영선수가 있었다.

그는 수영에는 남다른 재능이 있었지만 일류급 선수들처럼 과학적인 훈련을 받지 못했다. 그러나 나름대로 열심히 연습했고 결국에는 테헤란에서 열린 아시안게임에까지 참가할 수 있게 되었다.

대회가 열리는 첫날 그 수영선수는 자신이 평소 하던 대로 준비운동을 하고 있었다. 그것을 지켜보던 다른 나라의 내노라 하는 수영선수들은 그 선수를 은근히 비웃었다. 그 선수의 준비운동은 영락없이 촌뜨기의 모습을 하고 있었기 때문이었다.

드디어 시합이 시작되었고 선수들의 순위가 결정되었다. 대회의 1등은 바로 그 촌뜨기 선수였다. 다른 선수는 물론 관중석에 앉은 사람들은 깜짝 놀라고 말았다. 그 다음 시합부터 재미있는 일이 벌어졌다. 다른 나라 선수들이 그가 하는 준비운동을 따라하기 시작했던 것이다.

더욱 재미있는 것은 그 대회 이후로 그가 하던 준비운동이 꽤 권위 있는 준비운동으로 받아들여져서 여러 수영선수들에게 보급되었다고 한다.

이 촌뜨기 수영선수가 바로 아시아의 물개라는 별명을 가졌던 조오련 선수였다.

61. 진정한 성지 순례

러시아의 어느 시골에 다정한 두 노인이 살고 있었다. 두 사람이 늘 마음속에 간직하던 소원이 하나 있었다. 성지를 이스라엘을 순례하는 일이었다. 한 노인은 부자였기 때문에 여행 경비를 쉽게 마련했지만 다른 노인은 가난해서 경비를 마련하는 데 시간이 오래 걸렸다.

드디어 두 노인은 성지순례의 길에 올랐다. 기차를 타고 또 배를 타며 몇 날을 여행한 끝에 어느 마을을 지나게 되었다. 그 마을에는 큰 흉년이 들어서 사람들이 굶어 죽어가고 있었다. 어느 집 마당에 들어서니 오랫동안 아무 것도 먹지 못해서 쓰러져 있는 사람들을 보고 가난한 노인은 그들을 먼저 구한 뒤에 여행을 계속하자고 했다. 그러나 부자 노인은 성지순례를 계속하자고 했다.

두 노인은 의견의 일치를 보지 못했고, 결국 부자 노인만 성지순례를 떠나고 가난한 노인은 뒤에 남았다.

가난한 노인은 그 사람들에게 먹을 것을 마련해 주고 간호하다 보니 가지고 있던 여행비용을 모두 써버리고 말았다. 노인은 하는 수 없이 성지순례를 포기하고 그냥 집으로 돌아오고 말았다.

한편 부자 노인은 예루살렘에 도착하여 십자가의 유적지까지 왔지만 사람들이 어찌나 많은지 도저히 더는 접근할 수 없었다. 노인은 어쩔 수 없이 멀리서 유적지를 바라보았는데 어쩐 일인지 전에 헤어졌던 자기 친구가 어느새 먼저 와서 십자가 바로 밑에 서 있었다.

부자 노인이 가난한 노인을 아무리 큰소리로 불러도 돌아보지를 않았다. 결국 부자 노인은 성지순례도 제대로 하지 못하고 고향으로 돌아오니 십자가 아래에 있던 그 친구는 벌써 돌아와 있었다.

성지에서 왜 나를 모른 척 했느냐고 부자 노인이 따져 묻자 가난한 노인은 알 수 없다는 표정을 지었다. 가난한 노인은 그곳 근처에도 간 적이 없었기 때문이었다. 예루살렘에 가는 것만이 성지순례가 아니라는 것을 부자 노인은 몰랐다.

62. 마음먹기 나름

노부나 장군은 많지 않은 군사들을 데리고 엄청나게 많은
적군들을 상대로 싸움을 벌여야 했다. 노부나 장군은 군사
가 적어도 적을 물리칠 수 있다는 확신이 있었다. 그러나
군사들은 그렇지 않았다. 많은 적과 싸워야 한다는 것을 알
고 있는 군사들은 싸워보기도 전에 미리 겁을 먹고 도망칠
기회만 노리고 있었다.

군사들의 두려움을 알고 있던 노부나 장군은 잠시 기도를
올리고 난 뒤에 동전 하나를 꺼내 들고서 군사들에게 이렇
게 말했다.

"내가 지금 이 동전을 위로 던져서 땅에 떨어뜨리겠다.
만일 동전의 앞쪽이 나오면 우리는 반드시 싸움에서 이길
것이다. 그러나 뒤쪽이 나오면 우리는 패할 것이다. 자! 이
제 우리의 운명이 결정되는 순간이다."

노부나 장군은 동전을 높이 던졌다. 군사들은 숨을 죽인
채 동전의 어느 쪽이 나타날지 지켜보고 있었다.

놀랍게도 동전은 앞쪽이 나왔다. 갑자기 군사들의 사기가
높아졌고, 결국 숫자는 불리했지만 싸움에서 승리를 거두

었다. 군사들은 동전의 앞쪽이 승리를 보장해준다고 확실히 믿었기 때문이었다.

　전투가 끝난 뒤에 영웅 노부나 장군은 알 수 없는 미소를 지었다. 노부나 장군이 던진 동전의 앞쪽과 뒤쪽이 모두 같다는 사실을 아는 사람은 아무도 없었다. 마음먹기에 따라서 결과는 달라지기 마련이다.

63. 어리석은 마을 회의

어느 마을이 홍수 때문에 커다란 피해를 입었다. 강둑이 불어난 물을 견디지 못하고 무너지는 바람에 한해 동안 애써 지은 농사를 망쳐버리고 말았다.

마을 사람들이 한곳에 모여서 의논을 했다. 사람들은 서로 힘을 모아 다시 둑을 쌓자는 데는 의견의 일치를 보았다. 하지만 거기에 들어가는 돈과 사람들을 어떻게 구하느냐가 문제였다.

마을 사람 가운데 하나가 자신의 생각을 털어놓았다.

"흙과 돌을 나르려면 수레가 필요하니 수레가 둘인 사람은 하나를 마을의 공동재산으로 내놓읍시다."

다른 사람이 맞장구를 쳤다.

"그렇게 하죠. 수레를 끌 소나 말도 필요하니 두 마리씩 있는 사람이 한 마리씩 내놓는 게 좋겠습니다."

마을 사람들 모두가 한 목소리로 좋다고 박수까지 치며 기뻐했다.

그런데 그 마을에서 가장 가난한 사람이 머뭇거리며 말했다.

"제가 도움이 되지 못해서 미안합니다. 하지만 일을 하려면 잘 먹어야 하니 닭이 두 마리 이상인 가정에서는 한 마리씩만 내놓기로 합시다. 그러면 저도 두 마리 가운데 한 마리를 내놓겠습니다."

갑자기 회의장이 조용해졌다. 가난한 사람의 말에 찬성하는 사람도 없었다. 어째서일까?

회의를 하러 모인 사람들 가운데는 수레나 소, 그리고 말을 내놓을 수 있을 정도의 사람은 하나도 없었다. 그러나 닭은 누구나 한 마리 이상 기르고 있었기 때문이었다.

64. 마귀와 무기

마귀 대장이 온 세상에 흩어져 있는 자신의 부하들을 한 자리에 불러 모았다. 마귀 대장은 부하들에게 긴급사태가 발생했노라고 말했다. 기독교인들의 숫자가 점점 늘어가면 마귀의 설자리가 없어질 것이라고 말했다. 마귀 대장은 부하들에게 좋은 생각이 없는지 물었다.

마귀 하나가 자리를 박차고 일어나면서 말했다.

"기독교인이 늘어난다고 해서 걱정할 필요는 전혀 없습니다. 교회에 가면 고난과 어려움이 따른다고 겁을 주면 한 명도 남지 않고 모두 도망치고 말 것입니다."

그러자 마귀 대장이 그 말을 가로막으며 말했다.

"그 방법은 우리가 너무 자주 사용했기 때문에 별로 효과가 없다. 이제는 기독교인들도 그것을 모두 알고 있다. 다른 방법은 없는가?"

또다른 마귀가 나서며 말했다.

"금은 보화로 꾀이면 기독교인들은 영락없이 넘어갈 것입니다. 이 세상에서 돈 앞에 무릎을 꿇지 않을 사람은 하나도 없습니다."

마귀 대장은 역시 그 생각에 반대했다. 그것 역시 사용해 보았지만 커다란 효과를 보지 못했다고 했다. 그 자리에 모여있던 마귀들은 또다른 궁리를 하기 시작했다. 그때 어느 마귀가 일어서며 말했다.

"아주 좋은 수가 생각났습니다. 사람들의 마음속에 내일로 미루자는 마음을 심어줍시다. 그러면 사람들은 내일 하지, 다음에 믿으면 되지 하고 생각하게 될 것입니다. 그러면 자연히 교회에 다니는 사람들의 숫자도 크게 줄어들지 않겠습니까."

4부

세상에서 제일 위대한 사람

65. 용기의 힘

나폴레옹(1769-1821)이 모든 부대를 동원하는 훈련을 마치고 난 뒤에 병사들을 위해서 커다란 술자리를 마련했다. 그 자리에는 병사들의 사기를 돋우는 역할을 하는 어린 북치기 병사도 있었다.

어느 장군이 그 어린 병사에게 수고했다는 말과 함께 술을 따라주려고 했다. 그러나 어린 병사는 딱잘라 거절하였다. 장군은 어린 병사에게 거절을 당하자 화가 머리 끝까지 치밀어 올랐다.

"상관의 명령에 복종하지 않는 병사도 있다는 말인가? 자아, 어서 술을 마셔!"

그러나 아무리 장군이 목소리를 높여도 어린 병사는 술잔을 받으려고 하지 않았다. 장군은 크게 화를 내며 꾸짖었다.

"너 같은 녀석은 군대에 필요 없으니 내쫓아버리겠다."

그러자 어린 병사는 자세를 바로잡으며 이렇게 대답했다.

"저는 군대에 들어온 이후로 지금까지 한번도 상관의 명령을 어기거나 복종하지 않은 적이 없었습니다. 그러나 술 마시는 일은 병사의 의무가 아니기 때문에 아무리 상관의 명령이라고 해도 마실 수 없습니다. 더구나 저의 아버지는 술 때문에 일생을 망쳤고, 어머니도 아버지의 술버릇 때문에 얼마나 고생했는지 모릅니다. 제가 군에 입대할 때 어머니께서 술을 마시지 말라고 충고하셨고, 저 역시 하나님께 그러겠다고 약속했습니다. 그 약속을 깨뜨릴 수는 없습니다."

어린 병사의 말을 들은 장군은 얼굴을 붉히며 자신보다 나이와 계급이 낮은 병사에게 사과하지 않을 수 없었다.

66. 어리석은 충고

아름답기로 소문난 제네바의 레만호에서 유럽에서 가장 유명한 화가로 손꼽히는 프랑스의 베르나르가 스케치를 하고 있었다. 마침 영국에서 여행을 온 부인 몇이 그 옆을 지나가다가 걸음을 멈추어 베르나르의 그림을 들여다보았다.

부인들은 베르나르의 그림에 대해서 자신들의 생각을 거침없이 털어놓았다. 여기는 이렇게 그리고, 저 색깔은 이게 좋겠다느니 하면서 그림 지도를 했다. 그렇지만 베르나르는 싫은 기색을 하나도 보이지 않으며 대답했다.

"그렇게 좋은 충고를 해주시니 고맙습니다."

부인들은 화가가 자신들의 충고를 받아들이자 더욱 신이 나서 계속 떠들어댔다. 베르나르는 머리를 끄덕이며 부인들이 지적하는 대로 그림을 그려나갔다.

다음 날이 되었다. 베르나르는 배를 타고서 레만호 북쪽에 있는 로잔으로 가려고 선착장에서 배를 기다리고 있었다. 마침 어제 만났던 부인들이 오고 있었다.

부인들은 베르나를 보자 그에게 다가와서 말을 걸었다.

"잠깐 말씀 좀 묻겠습니다. 선생님도 그림을 그리는 분이

144

라서 아실 거라고 생각합니다. 프랑스의 유명한 화가이신 베르나르께서 오늘 이곳에서 배를 타고 출발하신다고 들었는데 어느 분인지 가르쳐 주실 수 있으십니까?"

그러자 베르나르가 웃음을 지으며 대답했다.

"참으로 영광입니다. 그 베르나르 화가라면 확실히 이곳에 있습니다. 제가 바로 베르나르입니다."

67. 누구도 대신할 수 없는 자리

카르노가 프랑스의 대통령을 하고 있을 때의 일이었다. 하루는 파리에 사는 어느 부자가 프랑스에서 유명한 사람들을 수십 명 초대해서 연회를 베풀었다. 물론 카르노 대통령도 그 자리에 초대받아서 참석했다.

그런데 카르노 대통령이 연회 장소에 들어가 보니 여느 때와 달리 앉는 순서가 완전히 달랐다. 보통 때 같으면 가장 좋은 자리에 대통령이 앉았지만, 이번에는 그렇지 않았다. 놀랍게도 대통령이 앉아야 마땅할 자리에 철도회사 기사장의 이름이 적혀 있었다.

그리고 두번째로 좋은 자리에는 어느 문학가가 앉아 있었고, 그 다음 자리에는 대학교 교수로 있는 어느 화학자가 앉아 있었다. 카르노 대통령은 한번도 겪어본 적이 없는 일을 당하자 당황스러웠다. 그가 자신의 이름이 적혀있는 곳으로 가보니 열여섯번째 자리였다.

대통령을 수행하는 사람들은 연회를 개최한 부자가 몹시 괘씸했지만, 다른 참석자들 때문에 억지로 참고 있었다. 대통령 역시 그 자리가 더없이 불편하고 거북했다. 한 나라를 책임지고 있는 대통령에게 열여섯번째로 놓인 구석 자리에 앉도록 했으니 어찌 보면 당연한 일이었다. 연회가 한참 진행되자 손님 가운데 한 사람이 부자에게 물었다.

"오늘의 자리 배치는 잘못된 게 아닙니까?"

그러자 부자는 이렇게 대답했다.

"저는 오늘 가장 위대한 사람의 순서로 자리를 마련했습니다. 세상에서 가장 위대한 사람이란 누구도 그를 대신할 수 없다는 뜻입니다. 저기 앉으신 기사장께서는 프랑스는 물론 세계 어디에도 한 사람 밖에 없는 기술자이십니다. 문학가나 화학자 역시 그런 분이십니다."

부자는 잠시 말을 끊고 대통령을 바라보며 고개를 약간 숙이고 난 뒤에 다시 말을 이었다.

"대통령 각하께는 오늘의 자리가 대단히 죄송하고 실례가 되셨을 것 같습니다. 그러나 대통령 자리는 카르노 씨께서 물러나더라도 다른 사람이 대신할 수 있습니다. 그러나 저 기사장이나 학자들을 대신할 사람은 아무도 없습니다.

68. 공짜는 없다

　나뭇가지에서 즐겁게 노래부르던 종달새 한 마리가 조그만 상자를 들고 지나가는 사람에게 물었다.
　"그 상자 속에는 무엇이 있나요?"
　사람이 대답했다.
　"네가 좋아하는 지렁이란다."
　입안에 군침이 돈 종달새가 다시 물었다.
　"어떻게 하면 그것을 얻을 수 있죠?"
　"너의 깃털 하나에 지렁이를 한 마리씩 줄 수 있자."
　종달새는 사람의 말을 듣고 즉시 깃털 하나를 뽑아서 지렁이와 바꾸어 먹었다. 수많은 깃털 가운데 하나쯤 뽑아내도 아무런 상관이 없을 것 같았다. 종달새는 맛있는 먹이를 너무 쉽게 얻을 수 있는 게 기분 좋아 노래를 불렀다.
　종달새와 사람의 거래는 한번으로 끝나지 않았다. 사람이 지나갈 때마다 종달새는 지렁이를 원했고, 사람은 종달새의 깃털을 원했다. 그러나 이런 방법은 오래 가지 못했다. 종달새는 얼마 지나지 않아서 한 개의 털도 남지 않은 벌거숭이가 되고 말았기 때문이다.

다른 새들처럼 힘들여 먹이를 구하지 않고 공짜처럼 자신의 깃털과 지렁이를 바꾸어 먹던 종달새는 자신이 부끄러워 노래를 중단했다. 그리고 깃털이 없는 종달새에게 사람은 영원히 다시 나타나지 않았다.

69. 보물에 눈이 먼 사람

페르시아에 알리 하페드라는 농사꾼이 살고 있었다. 하페드에게는 재산이 그리 많지 않았지만 농사를 지을 수 있는 약간의 땅, 그리고 몇 마리의 양과 낙타를 기르고 있었다. 하페드는 스스로를 행복한 사람이라고 생각했다.

그런데 어느 날부터 자신이 세상에서 가장 불행한 사람이라고 생각하게 되었다. 먼 동네에 살고 있는 어떤 사람이 하페드 집에서 묵으면서 이상한 돌 이야기를 들려준 뒤부터였다. 그 돌은 태양처럼 빛을 내며, 어떤 것보다 강하고 아름다우며, 몇 개만 있어도 성을 살 수 있다고 했다.

알리 하페드는 다이아몬드라는 돌에 관해서 듣고 난 이후로는 그것을 반드시 갖겠노라고 결심했다. 그래서 손님에게 물었다.

"다이아몬드는 어디로 가야 찾을 수 있겠습니까?"

"높은 산에 둘러싸인 시내가 흐르는 모래밭을 찾아야 합니다."

하페드는 결국 모든 재산을 팔고 가족들을 남겨둔 채 다이아몬드를 찾으러 길을 떠났다.

몇 해가 지났다. 하페드는 높은 산과 시내가 흐르는 모래
밭을 찾아다녔지만 다이아몬드를 찾지 못했다. 가지고 있
는 돈을 모두 써버린 하페드는 너무 실망한 나머지 바다에
뛰어들어 스스로 목숨을 끊고 말았다.
　그런데 하페드의 땅을 사서 열심히 농사를 짓던 사람은
시냇가에서 물을 먹이다가 이상하게 반짝반짝 빛이 나는
돌을 발견했다. 그는 돌을 집으로 가져왔지만 특별히 신경
을 쓰지 않고 상자에 넣어두었다.
　하페드가 살고 있을 때 찾아왔던 손님이 또다시 그 집을
찾아왔다. 하페드 대신 농사를 짓던 사람은 손님을 극진히
대접했다. 손님은 태양처럼 빛을 내는 이상한 돌 이야기를
들려주었다. 손님의 이야기를 듣고 있던 주인은 시냇가에
서 주웠던 이상한 돌을 가져왔다. 그러자 손님은 눈을 동그
랗게 뜨며 물었다.
　"다이아몬드다! 이것을 어디에서 구했습니까?"
　두 사람은 집 뒤에 있는 시냇가로 달려갔다. 손님이 모래
를 파자 그 속에서 더 많은 다이아몬드가 나왔다. 시냇가는

나중에 세계에서 가장 유명한 다이아몬드 광산이 되었다.
하페드가 목숨을 버릴 정도로 찾아 헤매던 다이아몬드는
집 뒤에 있는 시냇가에 무진장으로 파묻혀 있었다.

70. 어머니의 사랑

　하나님께서 천사 가브리엘을 세상에 보내어 가장 아름다운 것을 구해 오도록 명령하셨다. 하나님의 명령을 받은 가브리엘은 세상 곳곳을 돌아다니며 무엇이 가장 아름다운지 살폈다.

　가브리엘은 아름다운 것들을 모두 살피고 난 뒤에 가장 아름답게 보이는 것들 가운데 세 가지를 골랐다. 첫째는 이른 새벽 아침 이슬을 머금고 피어난 장미꽃 한 송이였다. 둘째는 갓난아기의 방긋방긋 웃는 모습이었다. 그리고 셋째로는 어머니의 사랑이었다.

　그런데 가브리엘은 하나님께로 돌아가다가 한참을 지체하고 말았다. 가브리엘이 머뭇거리는 동안 장미꽃은 시들어서 보기 흉하게 오그라들고 말았다. 갓난아기의 웃음은 아기가 자라게 되자 사라지고 말았다. 하지만 이것들과는 달리 어머니의 사랑은 시간이 흘러도 여전했다.

　가브리엘은 세 가지 가운데 어머니의 사랑이 세상에서 가장 아름다운 것으로 하나님께 가져갔고, 하나님은 그런 가브리엘을 칭찬하셨다.

71. 가장 큰 재산

많은 사람들이 배를 타고서 여행을 하고 있었다. 그 배에 타고 있던 손님들 대부분은 굉장한 부자들이었다. 사람들마다 서로 질세라 자기들이 소지한 재산들을 비교하며 뽐내고 있었다. 땅 문서를 보여주는 사람, 황금 상자를 자랑하는 사람, 온갖 보물들을 내보이며 자랑하는 사람들로 북새통을 이뤘다. 그러자 그들 가운데 허름한 옷차림을 한 학자가 이렇게 말했다.

"내가 보기에 이 자리에서 내가 제일 부자인 것 같습니다. 내 재산을 여러분에게 보여줄 수 없는 게 안타깝습니다."

그런데 그때 해적이 나타났다. 배 안은 삽시간에 아수라장이 되고 말았다. 부자들은 가지고 있던 모든 재산을 해적들에게 빼앗기고 말았다. 해적들이 사라지고 난 뒤에 배는 어느 낯선 항구에 닿았다.

허름한 옷을 입고 있던 학자는 뛰어난 학식과 교양을 갖추고 있다는 게 항구 사람들에게 알려져서 학교에서 학생들을 가르치게 되었다.

학자는 얼마가 지난 뒤에 배를 함께 타고 온 부자들을 길거리에서 만나게 되었다.　바다에서 해적들에게 모든 재산을 털린 부자들은 아주 비참한 거지들이 되어 있었다. 하지만 허름한 옷차림을 하고 있던 학자는 단정한 차림을 하고, 환한 웃음을 짓고 있었다.

　부자들은 그제야 전에는 알지 못하던 것을 깨닫게 되었다. 진짜 재산은 누구도 빼앗을 수 없는 지식과 교양이라는 것을.

72. 끝없는 친절

　차가운 바람이 부는 몹시 추운 날 성경을 가르치는 울프라는 선생이 저녁을 초대받아 마차를 빌려 타고 갔다. 초대받은 집에서 잠시 시간을 보낸 울프 선생은 밖에서 기다리고 있는 마부가 생각나서 문을 열고 나왔다.

　"여보시오, 마부 양반. 날씨가 무척이나 추우니 집안으로 들어가서 몸을 좀 녹이시오."

　마부는 너무 추워서 두 팔로 몸을 비비고 제자리 뛰기를 하면서 대답했다.

　"아닙니다, 선생님. 말들을 내버려두고 혼자서 안에 들어갈 수는 없습니다."

　그러자 울프 선생이 대답했다.

　"말을 내가 돌볼 테니 당신은 안에 들어가서 몸을 녹인 다음에 나와 교대하면 되지 않겠소."

　마부는 몇 번이나 사양을 하다가 울프 선생에게 말들을 맡기고 집안으로 들어갔다. 그곳에 모인 사람들은 서로 재미있게 이야기를 나누며 음식을 먹고 마셨다. 잠깐 몸을 녹이러 들어간 마부는 다른 사람들과의 이야기에 휩쓸려 그만 울프 선생이 자기 대신 말을 지키고 있다는 것을 까맣게 잊어버리고 말았다.

그렇게 몇 시간이 흘렀다. 손님들은 울프 선생이 바쁜 일이 있어 먼저 자리를 떴다고 생각했다. 한참 뒤에 몇 사람이 집으로 돌아가려고 문을 열고 나왔다. 그들이 집밖으로 나와보니 이미 어두운 밤중이 되었는데도 울프 선생은 추위를 이기기 위해서 마차 앞에서 두 팔로 몸을 비비며 제자리 뛰기를 하고 있었다.

73. 형의 사랑

옛날 두 형제가 있었다. 형은 믿음이 좋고 착했지만, 동생은 나쁜 짓만 골라하는 사람이었다. 형은 언제나 동생에게 나쁜 짓을 그만두라고 충고하고 기도했다. 그러나 동생은 형의 생각과 정반대로 점점 더 악한 길로 빠져들었다.

어느 날 밤에 동생은 피묻은 옷을 입고서 형의 방으로 뛰어들어와서 소리쳤다.

"형, 나 좀 살려줘. 경찰이 나를 잡으러 오고 있다고. 제발 나 좀 살려줘."

형은 무슨 일이 벌어졌는지 충분히 짐작할 수 있었다. 형이 동생에게 말했다.

"우리 서로 옷을 바꾸어 입자."

옷을 갈아입은 순간 경찰이 달려와서 피묻은 옷을 입고 있는 형을 아무런 의심도 하지 않고서 붙잡아갔다. 동생 대신 살인죄를 뒤집어쓰고 법정에 선 형은 자신을 변호하지 않고 스스로 죄인이라고 주장했다.

"이 일은 내가 저지른 일입니다. 모두 내 잘못입니다."

재판장은 형이 피묻은 옷을 입고 있었기 때문에 살인을

저지른 사람이라고 생각하고서 사형을 선고했다. 재판장이 형에게 마지막으로 할 말이 있는지 물었다. 그러자 형이 말했다.

"꼭 한 가지가 있습니다. 내가 사형을 당할 때 이 편지를 동생에게 꼭 전해주십시오."

다음 날 동생에게는 형이 보낸 편지가 전달되었다.

"나는 지금 네 죄를 위하여 너의 피묻은 옷을 입고 죽는다. 너를 위해서 내가 대신 죽을 수 있다는 게 무척이나 기쁘다. 이제부터는 내가 너에게 준 흰옷을 입고 깨끗하고 거룩하게 살아야 한다."

동생은 자신의 잘못을 뉘우치면서 사형장으로 달려갔다. 사형장으로 가서 자신이 죄인이라고 이야기하고 사형을 중지시킬 생각이었다. 그러나 이미 때는 늦어서 형이 죽고 난 뒤였다. 이후로 같이 나쁜 짓을 하던 친구들이 불러내면 동생은 이렇게 말했다.

"나는 내 대신 죽은 형님으로부터 깨끗한 옷을 물려받았기 때문에 다시는 나쁜 짓을 저지를 수 없다네."

74. 원수를 사랑하는 마음

 미국이 영국을 상대로 독립전쟁을 벌일 때 밀러라는 이름의 목사가 있었다. 밀러 목사는 교인들은 물론 주변 사람들로부터 커다란 존경을 받았다. 그런데 교회 근처에 사는 윌리엄은 밀러 목사를 무척이나 싫어해서 무슨 일이든 반대하고 괴롭혔다. 밀러 목사 역시 윌리엄이 자신을 내켜하지 않는다는 것을 잘 알고 있었다.

 그런데 윌리엄은 국가를 반역하는 일을 하다가 들통이 나는 바람에 사형을 받게 되었다. 밀러 목사는 그 소식을 듣자마자 워싱턴 장군에게로 달려가서 윌리엄의 목숨을 살려달라고 부탁했다. 워싱턴 장군이 말했다.

 "미안하지만 친구를 구하려는 목사님의 부탁을 들어 줄 수 없습니다."

 그러자 밀러 목사가 대답했다.

 "친구라구요? 그렇지 않습니다. 윌리엄은 이 세상에서 가장 나를 미워하는 사람입니다."

 워싱턴은 밀러 목사의 말에 깜짝 놀랐다.

 "친구도 아닌데 이렇게 목숨을 구해주려고 애를 써서 부탁하시는 겁니까? 목사님을 생각해서 윌리엄을 용서하겠습니다."

　그래서 밀러 목사는 워싱턴 장군의 사면장을 들고서 꽤나 먼 거리에 있는 사형장으로 달려갔다. 윌리엄은 멀리서 달려오는 밀러를 바라보며 생각했다.

　'내가 죽는 것을 지켜보면서 아주 좋아하겠군.'

　그러나 밀러 목사는 윌리엄에게 워싱턴 장군의 사면장을 내밀었다. 생각하지도 못한 사면장을 받아든 윌리엄은 말없이 눈물만 흘렸다.

75. 실망하지 않는 사람의 행운

오스트리아의 가난한 목수의 아들로 태어난 작곡가 하이든(1732-1809)은 비엔나에서 소년 합창대원이 되었다. 9년 동안 합창대원으로 일하던 하이든은 나이가 들면서 목소리가 변하자 그만두어야 했다. 하이든은 실망이 이만저만이 아니었다. 집이 너무 가난해서 음악을 공부할 돈은 물론 빵을 살 돈조차 받을 수 없었기 때문이다. 그러나 하이든은 결코 실망하는 법이 없이 언제나 즐겁게 살려고 노력했다.

오스트리아를 돌아다니면서 열심히 음악공부를 하던 하이든은 얼마 남지 않은 돈마저 모두 떨어지자 성가대원이 되려고 교회를 찾아가서 부탁했다.

"저는 비엔나의 교회 성가대 출신입니다. 지금 여러 곳을 다니며 음악공부를 하고 있는 중입니다."

그러나 성가대 지휘자는 하이든을 받아들이려고 하지 않았다. 하이든은 실망하지 않고 다음날 다시 찾아왔다. 역시 지휘자는 하이든의 실력을 인정하지 않으려고 했다. 하이든은 실망하지 않고 성가대 속에 들어가서 다른 사람에게 부탁했다.

"저, 제가 당신 대신 노래를 부르면 안 될까요? 그냥 서 계시면 제가 노래를 대신 부르겠습니다."

성가대원은 고개를 저었다.

"규칙이라서 그렇게 할 수 없습니다."

하이든은 그 사람에게 동전 하나를 쥐어주고서 순서가 돌 아오자 그 사람의 입을 한 손으로 막고 대신 노래를 불렀 다. 노래를 들은 성가대 지휘자는 하이든의 노래 솜씨 때문 에 깜짝 놀랐다. 하이든의 끈기와 실력을 인정한 지휘자는 하이든을 성가대원으로 받아들이고 사과의 대가로 저녁마 다 집으로 초대해서 식사를 대접했다.

이후에도 하이든은 여러 가지 어려움을 겪었지만 결코 실 망하는 법이 없었다. 하이든은 104개의 교향곡을 작곡했을 뿐만 아니라 76개의 현악 사중주곡, 미사곡, 오페라 등을 작곡해서 〈교향곡의 아버지〉라고 불리게 되었다.

76. 세상에서 제일 위대한 사람

어떤 소년이 집을 떠나 먼 여행을 시작했다. 소년은 위대한 사람을 만나고 싶은 꿈이 있었다. 그래서 소년은 깊은 숲과 계곡을 헤매고 사막까지도 돌아다녔다.

그러나 몇 해를 돌아다녀도 위대한 사람을 만날 수 없었다. 소년은 너무 지친 나머지 돌 위에 풀썩 주저앉아서 한숨을 내쉬었다.

그때 어느 노인이 소년의 앞에 나타났다. 밝은 피부에 맑은 눈동자를 지닌 할아버지는 첫눈에 보통 사람이 아닌 것 같았다. 소년은 속으로 '저 분이 내가 찾는 사람이 아닐까' 하고 생각했다. 노인이 소년에게 물었다.

"애야, 어디를 그렇게 헤매고 다니느냐?"

소년이 대답했다.

"저는 위대한 사람을 만나고 싶어서 이렇게 돌아다니는 중이랍니다."

노인은 소년을 보면서 빙그레 웃었다.

"내가 그 사람이 어디 있는지 가르쳐 주마."

"네!"

소년은 너무 기뻐서 자신도 모르게 목소리를 높였다.

"고맙습니다. 어서 가르쳐 주세요!"

"지금 곧장 집으로 돌아가거라. 그러면 집에서 신발도 신지 않은 채 한 사람이 뛰어나올 것이다. 그 사람이 바로 네가 찾는 위대한 사람이다."

노인은 그렇게 말하고서 갈 길을 갔다.

소년은 그 자리를 박차고 일어나서 자기 집을 향해 마구 달렸다. 숨이 차고 가슴이 찢어지는 것처럼 아팠지만 쉬지 않고 달렸다. 드디어 며칠만에 소년은 집에 도착했다. 소년은 위대한 사람을 만나고 싶은 다급한 마음에 자기집 문을 마구 두들겼다.

"위대한 사람이여! 어서 나오세요."

그러자 누군가 안에서 후닥닥 밖으로 뛰어나왔다. 신발도 신지 않은 맨발이었다. 소년은 할 말을 잃고 멍하니 그 위대한 사람을 바라보았다. 위대한 사람은 바로 소년의 어머니였다.

77. 전나무와 가시나무

넓은 들판에 전나무와 가시나무가 있었다. 전나무는 가시나무를 언제나 얕잡아 보고 있었다.

전나무가 가시나무에게 말했다.

"못 생긴 가시나무야, 너무 정말 아무짝에도 쓸모가 없는 것 같구나. 가시 투성이 너를 어디에 쓸 수 있겠니?"

전나무의 놀림을 들은 가시나무는 시무룩해졌다. 스스로 보기에도 자신은 어디에 쓸 수 없는 필요 없는 존재인 것 같았다. 꽃이나 열매를 맺거나, 그것도 아니면 굵고 곧은 나무가 되고 싶은 게 가시나무의 소원이었다. 그러나 그것은 언제나 소원일 뿐이었다.

이번에는 가시나무가 전나무에게 물었다.

"전나무야, 그러면 너는 어디에 쓸모가 있니?"

"나는 좋은 목재니까 집을 지을 때 사용하지."

전나무는 목에 힘을 주어 대답했다.

그러자 가시나무가 알 듯 모를 듯한 웃음을 지으며 전나무에게 점잖게 말했다.

"그래? 네 말을 들어보니 한 가지는 내가 더 나은 것 같

166

구나. 나무꾼이 도끼를 들고서 이 들판으로 나오면 그때는
내가 부러울 거야."

　전나무는 그 말에 아무런 대답도 할 수 없었다.

78. 아버지의 보물

어느 가난한 농부가 있었다. 농부는 비록 가난했지만 열심히 일을 해서 조금씩 밭을 샀다. 덕분에 나중에는 아주 넓은 밭을 가질 수 있었다.

농부는 그 넓은 밭에 포도나무를 심었다. 농부는 여전히 성실해서 포도밭에는 해마다 탐스러운 포도들이 주렁주렁 열렸다.

세월이 흘러서 농부는 이제 더 이상 일을 할 수 없을 정도로 늙고 말았다. 그러나 농부의 아들들은 게을러서 포도밭을 전혀 돌보지 않았다. 포도밭에는 포도 대신 잡풀들이 돋아나게 되었다.

어느 날 농부는 병에 걸려 세상을 떠나게 되었다. 농부는 마지막으로 아들 셋을 모두 불러서 이렇게 유언을 남겼다.

"애들아, 내가 포도밭에 아주 귀한 보물을 숨겨 두었단다. 너희들이 그것을 찾아 나누어 가지거라."

아버지는 그 유언을 끝으로 숨을 거두었다. 아들들은 그 보물이 무엇인지 아버지에게 물었다. 그러나 숨을 거둔 농부는 아무 말이 없었다.

세 명의 아들들은 당장 포도밭으로 달려갔다.

"그 보물은 분명히 땅에 묻어 두었을 거야."

세 아들은 그렇게 생각하고서 마구 포도밭을 파헤쳤다. 구석구석 남김없이 온통 흙을 뒤집어 놓았다. 그러나 어디에도 보물은 없었다. 아들들은 실망하고서 삽과 곡괭이를 내던졌다.

그러자 이상한 일이 생겼다. 포도밭을 갈아엎은 그해부터 다시 싱싱하고 알이 굵은 포도들이 열리기 시작했다. 어느 때보다 포도 알들이 탐스러웠다. 세 명의 아들들은 그제야 아버지가 숨겨놓은 보물이 무엇인지 깨닫게 되었다.

79. 이솝의 지혜 I

이솝 이야기로 유명한 이솝이 어렸을 때의 일이었다.

하루는 이솝이 밭에서 일을 하고 있는데 나그네가 다가와서 길을 물었다.

"꼬마야, 아테네까지 가려면 얼마나 더 가야 하니?"

그러자 어린 이솝은 아무렇지도 않게 대답했다.

"그냥 가세요."

길을 물은 사람은 이솝의 대답에 어이가 없었다.

"뭐 그냥 가라고? 별난 녀석 다 보겠군."

나그네는 기분이 나빠 발걸음을 돌렸다. 그러다가 분을 겨우 누르고 다시 돌아서서 소리쳤다.

"아테네까지 얼마나 걸리는지 말해 주지 않을래?"

"그냥 가세요-."

이솝도 소리쳤다. 이솝은 나그네의 발걸음을 쳐다보고 있었다.

"정말 괴상하고 바보 같은 녀석이로군."

나그네는 툴툴거리며 계속 걸었다. 한참을 걷다가 나그네는 다시 고개를 돌려 소리쳤다.

"그냥 가라고만 하면 어떡하니 이 녀석아! 제대로 가르쳐 주어야지."

그제야 이솝은 미안한 듯 머리를 긁적이며 이렇게 말했다.

"아저씨의 걸음이면 두 시간이면 아테네에 도착하실 수 있을 거예요."

나그네는 이솝의 지혜에 깜짝 놀랐다. 이솝은 나그네의 걷는 속도를 관찰한 뒤 걸리는 시간을 정확하게 일러준 것이었다.

80. 학자와 사공

　세계적으로 유명한 어느 식물학자가 섬으로 식물채집을 하러 떠나게 되었다. 섬은 육지에서 그리 멀지 않았다. 그래서 식물학자는 조그만 배를 타고 건너기로 했다.

　"여보게 사공, 나를 저 섬까지 태워다 줄 수 있겠나?"

　식물학자는 작은 배를 모는 뱃사공에게 그렇게 부탁했다.

　"예, 그렇게 하시지요."

　착한 사공은 식물학자를 배에 태우고 섬을 향해서 노를 저었다. 그런데 그 식물학자는 무척이나 거만한 사람이었다. 자기보다 지식이 적은 사람은 무조건 깔보는 그런 사람이었다.

　"여보게 사공, 자네는 몇 나라의 말을 할 줄 아는가?"

　"저는 우리 나라 말밖에는 할 줄 모릅니다."

　식물학자는 사공을 비웃으며 말했다.

　"참으로 한심하군. 나는 무려 10개 국어를 할 줄 아는데."

　그렇게 말한 뒤 식물학자가 또다시 물었다.

　"여보게 사공, 자네는 몇 권의 책을 읽었나?"

"먹고사는 게 바쁘다 보니 몇 권 읽지 못했습니다."

"겨우 몇 권이라고? 그러면 여태까지 무엇을 하며 살았
나? 정말 한심스런 일이로군. 나는 수만 권의 책을 읽어서
모르는 게 없다네."

그 동안 작은 배는 깊은 바다 한 가운데 와 있었다. 그때
였다. 하늘이 컴컴해지더니 갑자기 비가 쏟아지며 폭풍이
몰아쳤다.

"어, 어⋯."

식물학자는 겁을 집어먹고서 배를 붙잡고 벌벌 떨었다.
순간 배가 뒤집어지고 말았다. 식물학자와 사공은 바다에
빠져서 허우적거렸다. 식물학자는 수영을 할 줄 몰라 자꾸
물 속으로 가라앉았다. 하지만 사공은 평소 실력대로 유유
히 헤엄쳐 해변으로 빠져나왔다. 사공은 뒤를 돌아보며 식
물학자에게 말했다.

"학자님은 모르는 게 하나도 없다고 했지만 제일 중요한
생명을 구하는 법을 모르시는군요."

81. 참나무와 갈대

어느 강기슭에 커다란 참나무 한 그루가 서 있었다. 이 참나무는 뿌리가 깊고 몸은 하늘을 찌를 듯 높이 솟아 늘 으쓱거렸다.

"나는 참 튼튼하단 말이야. 이 세상에서 나를 이길 녀석은 없을 거야. 게다가 나는 다른 녀석들을 늘 내려다 볼 수 있거든."

그러던 어느 날이었다. 굉장히 강한 태풍이 몰아닥쳤다. 그 때문에 커다란 나무들이 뿌리째 뽑히고 말았다. 참나무 역시 꼿꼿이 서서 태풍과 맞서다가 결국 부러지고 말았다. 부러진 참나무는 거센 강물에 휩쓸려 떠내려갔다.

얼마를 떠내려가다 보니 강기슭에 있는 갈대들은 멀쩡히 서 있는 게 보였다.

그 갈대들은 물살에 밀려 떠내려가는 참나무를 가엾게 바라보고 있었다. 참나무는 그 연약한 갈대들을 올려다보며 물었다.

"갈대들아. 너희들은 그 태풍 속에서도 어떻게 상처를 전혀 입지도 않고서 살아 남았니? 나보다 힘은 약할 터인데…."

갈대들은 가엾은 참나무를 바라보며 조용히 말했다.

"불쌍한 참나무야. 태풍이 우리를 해치지 않은 것은 우리가 언제나 고개를 숙였기 때문이란다. 너는 태풍이 불어도 고개를 쳐들고서 버티려 했기 때문에 그렇게 부러지고 만 것이지. 바람은 언제나 버티거나 뽐내지 않으면 누구도 해치지 않는단다."

82. 이솝의 지혜 Ⅱ

이솝이 노예로 일할 때에 있었던 일이다.

하루는 주인이 짐을 잔뜩 가지고 먼 여행을 떠나려고 하자 일꾼들은 저마다 가벼운 것을 들고 가려고 온갖 꾀를 다 부렸다.

그런데 이솝은 다른 사람들과 달리 자신 있게 가장 커다란 짐을 집어들었다. 그것은 여행할 때 먹을 식량이었다. 일꾼들은 그런 이솝을 어리석다고 놀렸다.

"바보 같은 친구로군. 가장 무거운 짐을 고르다니."

그러나 이솝은 그런 말을 들어도 싱글벙글 웃고만 있었다.

마침내 주인과 일꾼들이 차비를 끝내고서 길을 떠났다. 길은 정말 멀고 험했다. 하루가 지나고 이틀이 지났다. 이렇게 여러 날이 지나는 동안 식량은 조금씩 줄어들었다.

여러 날이 또 지났다. 식량은 거의 다 줄어 이솝의 짐은 아주 작아졌다. 그러나 다른 일꾼들의 짐은 여전히 처음과 같았다. 그제야 일꾼들은 이솝의 지혜에 크게 감탄했다.

"역시 이솝은 뭔가 다르단 말이야."

83. 말 한 마디의 값

러시아의 유명한 소설가 톨스토이(1828-1910)가 어느 날 길을 가고 있었다. 그때 매우 허름한 차림의 거지 하나가 톨스토이에게 다가와서 도움을 청했다.

톨스토이는 평소의 행동대로 거지를 도와주려고 주머니를 뒤졌지만 돈이 한푼도 없었다. 톨스토이는 매우 미안한 표정을 지으며 말했다.

"나의 형제여, 내게 화를 내지 마시오. 내게 돈이 있었다면 당신에게 주었겠지만, 보다시피 한푼도 없군요. 미안하오."

그러자 거지는 얼굴을 붉히며 오히려 톨스토이에게 미안한 표정으로 대답했다.

"아닙니다. 당신께서는 내가 구걸한 것보다 더 많은 것을 주셨습니다. 나를 형제라고 불렀으니까요. 지금까지 이세상의 누구도 구걸을 하고 다니는 나에게 형제라고 불러준 사람이 없었습니다."

84. 구두장이를 찾아오신 예수님

어느 마을에 마르친이라는 구두장이가 좁은 지하방에서 살고 있었다. 솜씨 좋고 마음씨 좋은 것으로 소문난 이 구두장이는 가족도 없이 혼자 지냈다. 구두장이는 일찍 세상을 떠난 가족들을 그리워하며 자신도 빨리 그들 곁으로 가기를 바랐다.

그러나 예수님을 믿으면서 생활도 달라졌다. 신약성경을 매일 저녁 읽으면서 커다란 위로를 받았고, 하루하루 믿음이 자라갔다. 그러던 어느 날 밤 구두장이는 저녁 식사를 하고 난 뒤에 성경을 펴서 읽다가 깜박 잠이 들었다. 그때 어떤 음성이 들려왔다.

"마르친아!"

구두장이는 꿈결에 몸을 일으키며 대답했다.

"누구십니까?"

"마르친아, 내일 길거리를 내다보거라. 내가 너를 찾아올 테니."

구두장이 마르친은 그 음성을 듣고서 깜짝 놀라 잠을 깼다. 구두장이는 그 음성의 주인이 예수님이라고 생각했다.

다음 날 동트기 전에 일어난 구두장이 마르친은 기도를 하고 난 뒤에 맛있는 양배추 수프와 차를 화덕에 올려놓았다. 예수님이 찾아오시면 대접할 음식이었다. 그리고 나서 집 주위를 말끔히 청소했다. 예수님을 기다리는 구두장이의 마음은 기대감으로 설레었다.

　마르친은 일을 하면서도 창문 쪽에서 눈을 떼지 못했다. 예수님이 어느 때 오실 지 모를 일이었다. 창밖에는 어느 노인이 눈을 치우려고 삽을 들고 나왔다. 노인은 일을 시작한 지 얼마 지나지 않아서 지쳤는지 벽에 몸을 기댄 채 쉬고 있었다.

　구두장이 마르친은 창문을 두드리며 노인을 불렀다.

　"들어와서 몸 좀 녹이세요. 차를 준비해 놓았습니다."

　노인은 구두장이의 방으로 들어와서 따끈한 차를 대접받고 돌아갔다.

　구두장이 마르친은 시간이 흘러도 예수님이 오시지 않자 실망하기 시작했다. 그러면서도 여전히 창문 밖을 내다보았다. 밖에는 어느 여자가 아기를 안고서 추위에 떨고 있었다. 한겨울이었지만 여름옷을 입고 있었다. 구두장이는 여자를 불러서 따뜻한 양배추 수프와 두툼한 옷을 주어 돌려보냈다.

어느새 날이 저물어가고 있었다. 마르친은 점점 더 실망하기 시작했다. 그때 밖에서 소란한 소리가 들려왔다. 배고픈 아이 하나가 사과를 파는 할머니에게서 사과 하나를 훔치다가 붙잡히고 말았다. 할머니는 아이의 머리카락을 잡아당겼고 아이는 그 때문에 비명을 질러댔다.

구두장이 마르친이 그 모습을 보고서 밖으로 달려나갔다. 사과를 파는 할머니에게 마르친은 아이를 대신해서 용서를 빌었다.

"예수님을 생각해서 제발 용서해주세요."

그러자 신기하게도 할머니는 아이의 머리카락을 놓으면서 그 아이에게 사과 하나를 건네주었다.

다시 방으로 돌아온 마르친은 여전히 예수님을 기다렸지만 끝내 오시지 않았다. 구두장이는 날이 완전히 저물자 주변을 정리하고 남아있던 양배추와 차를 마신 뒤에 성경책을 폈다. 마태복음 25장의 내용이었다.

"너희가 여기 내 형제 중에 지극히 작은 자 하나에게 한 것이 곧 내게 한 것이니라"

구두장이 마르친의 머리에 눈을 치우던 노인, 추위에 떨던 여자, 그리고 사과를 파는 할머니와 어린아이의 모습이 떠올랐다. 그제야 마르친은 자신의 꿈이 헛되지 않았음을 깨달았다. 예수님은 이미 그들을 통해서 찾아오신 것이었다.

85. 사람의 진짜 모습

　어느 조그만 마을에 구두쇠로 악명을 떨치는 사람과 남을 잘 돕는 구두장이가 살았다. 마을 사람들은 아무리 가난한 사람이 찾아오더라도 돕는 법을 모르는 구두쇠를 무척이나 미워했다. 어린아이들까지도 구두쇠로 소문난 사람과 길에서 마주치면 인사를 하는 법이 없었다.

　구두장이는 그렇지 않았다. 가게를 찾아오는 손님은 물론 거지들까지도 빈손으로 돌아갈 때가 없었다. 마을 사람들은 늘 구두장이를 칭찬했고, 구두장이는 그들을 실망시킨 적이 없었다.

　어느 날 구두쇠로 이름난 사람이 세상을 떠나고 말았다. 그가 죽었다고 해서 마을 사람들 가운데 슬퍼하는 사람이 하나도 없었다. 장례식에도 참석하지 않았다. 구두쇠는 쓸쓸히 공동묘지에 묻혔고, 마을 사람들은 당연한 일이라고 생각했다.

　그런데 며칠 지나지 않아서 마을에는 이상한 소문이 퍼졌다. 남을 잘 도와주기로 소문난 구두장이의 태도가 달라졌다는 것이었다. 거지가 찾아가도 문을 열어주지 않고, 가난한 사람이 도움을 청해도 모른 체 하기 일쑤였다.

　마을의 어른이 구두장이를 찾아가서 그 이유를 물었다. 그러자 구두장이는 시큰둥한 표정을 지으며 대답했다.

　"그야 내 돈이 아니니 남을 도왔지요. 만일 지금까지 남을 도와준 돈이 내 것이었다면 이렇게 구두장이 일을 하고 있겠습니까?"

　남을 도와준 돈이 누구의 것이었냐고 물은 마을 어른은 깜짝 놀라고 말았다. 구두장이가 어려운 사람에게 나누어 준 돈은 바로 구두쇠로 소문난 사람의 것이었다.

　"여러 해 전의 일입니다. 사람들이 구두쇠라고 부르는 그분이 나를 찾아와서 많은 돈을 내놓으면서 어려운 이들을 도와주도록 부탁했습니다. 그러면서 자신이 죽기 전까지는 돈이 어디서 생겼는지 밝히지 말라는 당부를 했습니다. 나는 그 돈으로 열심히 거지와 돈이 급한 사람들을 도와주었고, 사람들은 아무것도 모른 채 나를 칭찬한 것입니다. 이제 돈도 떨어지고 구두쇠라고 소문난 그분도 세상을 떠났으니 진실을 밝히고 싶습니다."

구두장이의 말을 전해들은 마을 사람들은 겉모습만 보고
판단한 자신들의 행동을 후회하고, 구두쇠로 이름이 높았
던 사람의 무덤을 정성껏 돌보았다.

86. 욕심의 끝

옛날 어느 동네에 부자가 많은 땅과 가축을 남기고 세상을 떠났다. 부자에게는 두 명의 아들이 있었는데 첫째는 특히 욕심이 많았다. 아버지의 엄청나게 많은 재산 가운데 절반을 물려받은 첫째는 그것으로 만족하지 못했다.

첫째는 동생의 몫마저 가로챌 계획을 세웠다. 장례식이 모두 끝나고 사람들이 돌아가자 첫째는 동생에게 한 가지 제안을 했다.

"나와 시합을 하자. 내일 쟁기질을 해서 더 많은 밭을 가는 사람이 아버지의 유산을 모두 갖기로 하자. 하지만 하루 종일 아무것도 먹거나 마시지 않는 거다."

형의 말이라면 무엇이든 믿고 따르는 동생은 그러자고 승낙했다.

다음 날 일찍 일어난 첫째는 아내가 준비해둔 음식을 배불리 먹었다. 그러나 동생은 형의 말대로 아무 것도 먹지 않은 채 집을 나섰다.

처음에는 동생이 밭갈이를 앞섰지만 시간이 지나면서 형에게 점점 뒤떨어지기 시작했다. 아무것도 먹거나 마시지 못한 동생이 뜨거운 햇살 아래서 쟁기질을 오래하는 것은 무리였다. 결국 첫째가 시합에서 이겨서 재산을 모두 차지해버렸다.

동생은 아무런 불평 없이 짐을 꾸려서 고향을 떠났다. 고향에서 멀리 떨어진 숲속에 자리를 잡은 동생은 땔감을 해다가 마을에 팔면서 생활했다.

어느 날 나무를 하려고 도끼를 쳐드는 순간 새 한 마리가 떨면서 날아올랐다. 가만히 보니 나무 구멍 속에 새끼들이 있었다. 동생은 그 나무를 피해서 다른 나무로 옮겨갔다. 그리고 막 도끼를 휘두르려는 순간 어미새가 말했다.

"내 자식들을 살려주셔서 감사합니다. 내일 아침 해 뜨기 한 시간 전에 조그만 자루를 들고 오시면 보물이 많은 태양산으로 안내하겠습니다."

동생은 새의 말대로 일찍 약속한 자리로 나왔다. 어미새는 동생을 태양산으로 안내했다. 산에는 보석과 황금이 가득했다. 태양이 뜨기 전에 빨리 보석을 담으라는 어미새의 말대로 동생은 재빨리 쓸어 담아 그 산을 떠났다.

재산을 모두 빼앗긴 동생이 엄청난 부자가 되었다는 소식을 들은 첫째는 속이 상해서 그 길로 동생에게 달려갔다. 동생은 자신이 부자가 된 과정을 형에게 자세히 설명하면서 새둥지까지 알려주었다. 첫째는 도끼를 챙겨들고 숲으로 갔다.

　나무를 찾아낸 첫째가 도끼로 내려치려고 하자 어미새가 비명을 지르며 날아올랐다. 첫째는 모든 것을 알면서도 짐짓 모른 채 말했다.

　"어이구, 저 예쁜 새새끼들 좀 봐. 꼭 베어야 할 나무지만 그럴 수 없구먼."

　그리고는 다른 나무로 옮겨갔다. 그러자 어미새는 동생에게 그랬듯이 고맙다는 말과 함께 내일 일찍 조그만 자루를 가져오면 태양산으로 안내하겠다고 말했다. 첫째는 부리나케 집으로 돌아가서 집안의 모든 천을 가져다가 엄청나게 큰 자루를 밤새도록 만들었다.

　다음 날 어미새를 따라서 태양산으로 간 첫째는 수많은 보석과 황금 때문에 정신을 잃을 지경이었다. 해가 뜨기 전에 산을 떠나야 한다는 어미새의 말도 첫째의 귀에는 들리지 않았다. 첫째는 이리저리 다니면서 보석을 쓸어 담으며 즐거운 비명을 질러댔다.

"그 정도면 됐어요, 됐다고요!" 새가 소리질렀다. "태양이 뜨면 뜨거운 햇살에 타죽으니 빨리 달아나세요!"

하지만 첫째는 커다란 자루를 채우느라 정신이 없었다. 그러다 태양이 떠오르자, 첫째는 뜨거운 햇살 때문에 새까만 숯덩이로 변하고 말았다.

87. 세상에서 가장 행복한 사람은

나라를 잘 다스리기로 소문난 어느 임금이 있었다. 이 임금은 저녁마다 아무도 몰래 변장을 하고서 나라 안을 이곳저곳 돌아다녔다. 백성들이 어떻게 살고 있는지 알아보기 위해서였다.

어느 날 저녁 임금은 언제나 그렇듯이 변장을 하고서 돌아다니다가 어느 집 앞에 도착했다. 집은 허름했지만 대문과 창문이 모두 활짝 열려 있고 안에서는 어느 사내의 즐거운 웃음이 들려왔다. 밤에도 문을 잠그지 않는 것에 호기심이 생긴 임금이 집안으로 들어섰다.

"아니 어째서 이 시간까지 대문을 잠그지 않고 계십니까?"

그러자 집주인이 대답했다.

"지나가다 우리 집에 들어오는 사람은 모두 하나님이 보내신 선물입니다. 선물을 받으려면 문을 열어 놓아야지요."

집주인은 처음 만나는 그 사람에게 음식을 대접했다. 임금은 그 사람이 누구인지 더욱 궁금해졌다. 임금이 집주인에게 직업이 무엇이냐고 물었다.

"나는 구두를 수선하는 사람입니다. 이 마을 저 마을 돌아다니면서 사람들의 구두를 고쳐준답니다. 그리고 수고비를 받으면 그것을 몽땅 털어서 저녁거리를 사 가지고 돌아오지요."

"날마다 번 돈을 남김없이 써버린다는 말이오? 장래를 위해서 저축은 하지 않고? 내일은 어떻게 하려고 그러시오?"

임금은 믿어지지 않는 듯이 물었다.

"내일 일은 하나님이 알아서 하십니다. 나는 하나님을 찬양하기만 하면 됩니다."

집주인은 대답을 하면서 크게 웃었다. 임금은 그 구두수선공을 시험해보기로 결심했다. 임금은 그 집을 나오면서 내일 다시 찾아와도 되겠느냐고 물었다. 대답은 물론 승낙이었다.

다음 날 임금은 신하를 시켜서 허가 없이 구두를 수선할 수 없다는 명령을 내렸다. 이윽고 저녁이 되어 구두수선공의 집을 다시 찾아간 임금은 깜짝 놀라고 말았다. 여전히 구두수선공은 먹고 마시면서 즐거워하고 있었다. 임금은 짐짓 모르는 채 주인에게 물었다.

"오늘은 어떻게 지내셨소?"

"인자하신 우리 임금님이 구두 수선을 못하게 하신다는 소문을 듣고서 우물에서 물을 길어다가 집집마다 찾아다녔지요. 사람들이 낸 물 값을 몽땅 털어서 이렇게 음식을 샀답니다. 어서 오셔서 드시지요."

"그래 번 돈을 모두 써버렸다는 말입니까? 내일 물을 못 팔게 되면 어쩔 셈이오?"

"내일 일은 하나님이 알아서 하십니다. 나는 하나님을 찬양하기만 하면 됩니다."

집주인은 사람 좋게 웃으며 대답했다. 임금은 또다시 그 사람을 시험하기로 결심하고 다음 날 허락 없이 물을 길어다 팔 수 없다는 명령을 내렸다. 그리고서 저녁에 구두수선공을 찾아갔다. 구두수선공은 여전히 먹고 마시며 즐거워했다.

"오늘 아침에 임금님의 명령을 듣고 당신이 걱정이 되었소. 오늘은 어떻게 지내셨소?"

집주인이 대답했다.

"선하신 임금님의 명령대로 물을 길어다 팔지 않고, 오늘은 나무를 베어다가 시장에 내다 팔았습니다. 덕분에 돈을 조금 벌어서 몽땅 이 음식을 마련하는 데 써버렸습니다."

"그러면 내일 땔감을 못하게 되면 어쩔 셈이오? 무슨 방법이 있소?"

임금이 궁금해서 묻자, 집주인은 껄껄 웃으며 대답했다.

"내일 일은 하나님이 알아서 하십니다. 나는 하나님을 찬양하기만 하면 됩니다."

임금은 늘 하나님에게 감사하는 구두수선공에게 무릎을 꿇고 말았다.

"나는 이 나라의 임금이다. 너의 늘 감사하는 마음이 아주 아름답구나. 내일부터는 궁궐에서 나와 함께 살도록 하거라."

그러자 구두수선공은 크게 웃음을 터뜨리며 대답했다.

"내일 일은 하나님이 알아서 하십니다. 나는 하나님을 찬양하기만 하면 됩니다."

88. 끝이 없는 욕심

옛날에 어느 악마가 살았다. 악마는 낡고 오래된 집의 마루 밑에 엄청난 양의 보물을 파묻어 두고 있었다. 그런데 이 악마는 새로운 임무를 받는 바람에 다른 나라로 떠나게 되었다. 이십 년이 지나야 돌아올 수 있는 악마는 자신이 없는 동안 보물을 어떻게 해야 할지 몹시 걱정이 되었다. 파수꾼을 고용할 생각도 했었지만 돈이 아까워서 그럴 수도 없었다. 고민을 거듭하던 악마가 무릎을 쳤다.

악마는 우선 보물을 모두 파들고서 오로지 돈밖에 모르는 그 마을의 구두쇠를 찾아갔다. 악마는 보물을 구두쇠 앞에 내려놓으며 말했다.

"어르신, 제가 다른 나라로 떠나게 되었는데 가기 전에 이 보물을 선물하려고 가져 왔습니다. 언제나 어르신을 존경해서 드리는 선물이니 절대 사양해서는 안 됩니다. 기분 내키는 대로 마음껏 쓰십시오. 다만 한 가지 조건이 있습니다. 어르신이 돌아가시면 남은 것은 모두 제 것이 될 수 있게 해주십시오."

그 마을에서 재물이 많기로 소문난 구두쇠는 악마의 선물

을 선뜻 받았고, 남으면 그에게 돌려주기로 약속했다. 악마
는 그 길로 마을을 떠났다.

어느덧 이십 년이 지나고 임무를 끝낸 악마가 마을로 돌
아왔다. 구두쇠는 이미 세상을 떠난 뒤였는데, 사람들의 말
에 의하면 굶어죽었다고 했다. 그러나 악마가 맡기고 간 보
물은 동전 한 닢 없어지지 않았다. 구두쇠는 악마가 주고
간 보물이 아까워서 먹을 것이 없더라도 한 푼도 쓰지 않은
것이었다.

악마는 자신의 계획이 성공한 것을 기뻐하면서 껄껄 웃었
다.

89. 아버지가 남긴 유산

자식을 열이나 둔 사람이 있었다. 그 사람은 자기가 죽을 때 자식들에게 금화 백 개씩 물려주기로 약속했다. 이 약속을 할 때만 해도 그에게는 충분한 돈이 있었다. 그러나 나이가 들어가면서 살림이 많이 어려워졌다.

어쨌든 세월이 흘러서 세상을 떠날 때가 되자 자식들을 불러 모았다. 열 명의 자식들은 차례차례 아버지에게서 백 개씩의 금화를 받았다. 그러다가 막내아들의 차례가 되자 아버지는 손짓으로 모두 밖에 나가 있게 했다.

모두 나가자 아버지가 말했다.

"막내야, 기분 나쁘게 듣지 말거라. 네 형들과 누이들에게는 금화를 백 개씩 줄 수가 있었지만 네게는 스무 개밖에 남지 않았다."

막내아들은 아버지의 말을 듣고서 화가 치밀었다.

"아버지, 제 것이 부족하면 골고루 나눠주시는 게 옳지 않습니까? 어째서 제게만 금화를 적게 주시는 겁니까?"

"사람은 어떤 약속이든지 반드시 지키는 것이 중요하단다. 내가 비록 네게는 약속대로 금화를 주지 못하지만, 대신 내게 가장 소중한 보화를 주겠다. 그 소중한 보화는 나와 가장 가까운 친구들 열 명이다. 그들과의 우정은 이세상의 무엇보다 귀하니 아무쪼록 정성을 다해서 대하도록 하거라."

아버지는 이 말을 마치고 세상을 떠났다. 아홉 명의 자식들은 갑자기 물려받은 재산 때문에 마음이 들떠서 여행을 나섰다. 하지만 막내는 아버지로부터 물려받은 금화를 가지고 빚을 갚고 나니 네 개밖에 남지 않았다. 아버지의 친구들을 만나야 했지만 그러고 싶은 마음도 생기지 않았다. 하지만 막내는 아버지의 유언을 지키기로 마음을 먹고서 나머지 돈으로 음식을 장만하고 아버지의 친구들을 초대했다. 식사가 모두 끝나자 아버지의 친구들이 서로 말을 주고 받았다.

"우리를 생각해준 것은 이 아이 뿐이구먼. 이 아이의 정성에 보답을 하자고."

다음 날 아버지의 친구 열 사람은 저마다 가축 두 마리와 작은 돈주머니 하나씩을 막내아들에게 보내왔다. 그리고

그 가운데 몇 명은 가축 기르는 일을 도왔다. 막내아들은
얼마 지나지 않아서 수많은 가축을 소유하게 되었다. 뿐만
아니라 아버지의 친구 몇은 돈을 투자하는 법까지도 일러
주었다. 그 결과 막내는 누구보다 큰 부자가 되었다.

　막내는 책상에 앉아서 이렇게 글을 썼다.

　"황금보다 훨씬 귀한 것은 우정이다."

90. 그 아버지의 그 아들

한 마을에 젊은 부부가 아들 하나를 두고 오순도순 살고 있었다. 살림은 풍족하지 않았지만 그런 대로 행복한 생활을 하는 가족이었다.

어느 날 할아버지가 젊은 아들 가족과 살기 위해서 찾아왔다. 나이가 매우 많아서 눈빛은 흐리고 귀가 먹다시피 했고, 두손은 사시나무처럼 떨렸다.

할아버지는 며느리가 밥을 차려주면 수저를 제대로 들지 못해서 상이며 바닥에 음식을 흘리곤 했다. 심지어는 씹던 음식이 입에서 흘러나와 옷을 더럽히기까지 했다.

젊은 부부는 나이든 아버지를 어떻게 대해야 할지 머리를 맞대고 의논하기 시작했다. 그러다가 마침내 부엌 한구석에 식탁을 마련하여 노인이 따로 식사를 하도록 했다. 그러자 노인은 식사 때마다 슬픈 눈으로 가족을 바라보는가 하면, 음식을 흘릴 때에는 흐느껴 울기까지 했다.

날이 갈수록 손이 더 많이 떨리기 시작한 노인은 어느 날 유리 그릇을 손으로 들다가 바닥에 떨어뜨려 깨뜨리고 말았다. 그러자 며느리는 노인에게 욕을 해대며 시장에서 나무 그릇을 사 가지고 왔다. 노인은 아무 말 없이 구석에서 혼자 나무 그릇에 밥을 먹어야 했다.

언젠가 남편이 일터에서 돌아와보니 아들이 나무로 무엇을 열심히 만들고 있었다. 아버지가 아들에게 물었다.

"애야, 무엇을 만들고 있니?"

아들이 스스럼없이 대답했다.

"엄마와 아빠에게 줄 선물이야. 엄마와 아빠가 늙어서 나랑 살게 되면 먹을 걸 담아줄 나무 사발 두 개를 만들고 있어."

젊은 부부는 그 말을 듣고서 멍하니 서 있다가 누가 먼저라고 할 것 없이 울음을 터뜨렸다. 그리고 그 날 저녁부터는 구석에 놓인 식탁을 치우고 늙은 할아버지와 함께 식사를 했다. 이후로 노인은 언제나 가족과 함께 식사를 했고, 음식을 흘려도 말하는 사람이 없었다.

5부

호랑이 눈썹

91. 나 하나쯤

아프리카에서 있었던 일이다. 추장 하나가 커다란 잔치를 열려고 자기 부족 남자들 모두를 초대했다. 추장의 초대를 알리는 소식꾼들이 사람들에게 말했다.

"음식은 모두 추장님이 제공하신다. 다만 야자로 담근 술만은 각자가 한 단지씩 들고 와야 한다."

한 사내는 추장이 여는 잔치에 참석하고 싶은 마음이 굴뚝같았지만 술이 없었다. 그래서 방안을 오락가락하며 여러 가지 꾀를 생각했다. 보다못한 아내가 참견하고 나섰다.

"술 한 단지를 사면 그만 아니에요. 그렇게 중요한 자리인데 술 한 병은 별로 비싸지 안잖아요."

남편이 소리를 질렀다.

"바보 같은 소리 좀 하지마. 공짜로 갈 수 있는데 무엇 때문에 돈을 들이라는 거야."

다시 방안을 오락가락하며 생각에 잠긴 그 사람이 마침내 꾀를 하나 건졌다.

"그래, 술 대신에 물을 담아 가면 되겠구나. 잔치에는 엄청나게 많은 사람들이 참석할 테니 커다란 술항아리에 물이 한 단지 들어갔다고 문제가 되겠어?"

마침내 잔치가 열리는 날이 되었다. 잔치를 알리는 북소리를 듣고서 많은 사람들이 멋진 차림을 하고 모여들었다. 추장집 마당에 들어서는 사람마다 자신들이 가져온 술을 커다란 항아리에 부었다. 술대신 물을 가져온 사람도 다른 사람처럼 항아리에 물을 따르고 잔치에 참여했다.

모든 사람들이 도착하자 추장은 음악을 멈추고 참석자들에게 술을 따르도록 하인들에게 시켰다. 추장이 인사말을 끝내자 참석자들은 일제히 술잔을 들어 마셨다. 사람들은 모두 깜짝 놀라서 소리를 질렀다. 잔치에 참석한 사람들이 마신 것은 술이 아니라 아무런 맛이 없는 맹물이었다.

잔치에 참석한 사람들은 모두 커다란 술항아리에 자신들이 가져온 물이 한 단지쯤 들어가도 아무런 문제가 되지 않을 것이라고 생각한 것이었다.

92. 진짜 위대한 사람은

옛날 커뉴트라는 지혜로운 왕이 영국을 다스린 적이 있었다. 그런데 커뉴트 왕의 신하들은 언제나 아첨하기를 즐겨하는 사람들이었다. 신하들은 왕이 좋아할 말만 했다.

"임금님, 저는 지금껏 임금님처럼 훌륭한 분을 본 적이 없습니다."

"임금님은 역사상 가장 위대한 분이십니다."

커뉴트 왕은 이런 신하들의 나쁜 버릇을 고치려고 궁리를 거듭했다. 신하들의 아첨이 자신에게 전혀 도움이 되지 않는다는 것을 커뉴트 왕은 잘 알고 있었다.

그러던 어느 날 왕과 신하들이 함께 바닷가를 걷고 있었다. 언제나 그렇듯이 신하들은 또다시 아첨을 시작했다.

"존경하는 임금님, 임금님이 명령만 내리시면 이 세상의 모든 것들이 굴복할 것입니다."

"임금님은 저 하늘의 태양보다, 저 바다보다 더 위대하십니다."

이 말을 들은 왕은 이때야말로 신하들의 버릇을 고쳐 줄 수 있는 기회라고 생각했다. 그래서 신하들에게 명령했다.

"너희들은 지금 곧 바다 가까이에 의자 하나를 가져다 놓아라. 그러면 내가 정말 위대한 왕인지 아닌지 알 수 있을 것이다."

　임금은 그 의자에 앉아서 다시 신하들에게 물었다.

　"너희들은 정말로 이 세상에서 내가 제일 위대하다고 생각하느냐?"

　신하들은 하나같이 그렇다고 대답했다. 그러자 커뉴트 왕은 바다를 가리키며 물었다.

　"이 바다도 나에게 복종하겠느냐?"

　신하들은 이미 자신들이 한 말 때문에 그렇다고 대답할 수밖에 없었다. 커뉴트 왕이 바다에게 명령했다.

　"바다야, 네게 명령하나니 더이상 내게로 밀려오지 말거라. 파도야, 이제 그만 출렁이거라."

　신하들은 숨을 죽이고 바다를 바라보았다. 그러나 바다에서는 더 큰 파도를 일어나면서 커뉴트 왕을 덮쳤다. 왕은 물에 빠진 생쥐처럼 되고 말았다. 신하들은 꿀 먹은 벙어리처럼 아무런 말도 하지 못하고 부들부들 떨었다. 그러자 커뉴트 왕이 입을 열었다.

"잘 보았느냐? 하늘과 땅과 바다를 다스리는 분은 오직 하나님 한 분뿐이시다. 그리고 진실 되지 못한 거짓말은 나에게 전혀 도움이 되지 않는다. 그러니 앞으로는 주의하도록 하라."

93. 목숨보다 귀한 약속

옛날 로마에 레굴루스라는 용감한 장군이 있었다. 레굴루스는 아무리 사소한 약속이라도 어기지 않기로 이름이 높았다. 사람들은 그런 레굴루스를 무척이나 아끼고 따랐다.

로마는 바다 건너편에 있는 카르타고와 사이가 매우 나빠서 기회만 있으면 싸움을 벌였다. 그런데 한 번은 이 싸움에서 로마가 카르타고에 지고 말았다. 전투에서 진 레굴루스는 포로가 되어 카르타고로 끌려갔다.

레굴루스가 감옥에 갇히고 난 뒤에 카르타고의 신하들이 찾아왔다.

"우리는 로마와 평화 협정을 맺기를 바라고 있소. 카르타고는 단숨에 로마를 무찌를 수 있지만 평화를 위해서 참고 있는 중이오. 만일 당신이 이 이야기를 로마에 전하겠다고 약속하면 풀어줄 수 있소. 그러나 로마 사람들이 우리와 평화 협정을 맺지 않으면 감옥으로 돌아와야 하오."

카르타고 사람들은 실제로 로마를 두려워하고 있었다. 로마와의 싸움을 계속하게 되면 자신들이 망하리라는 것을 알고 잘 알고 있었다. 레굴루스 역시 이것을 눈치채고 있었다. 레굴루스가 대답했다.

"좋소. 만일에 로마가 평화 협정을 거절하면 즉시 감옥으로 돌아오겠소."

레굴루스는 감옥에서 풀려나 로마로 돌아갈 수 있었다. 레굴루스는 즉시 로마 사람들을 모아놓고 말했다.

"카르타고 사람들이 우리와 평화 협정을 맺으려고 하지만 나는 그것에 반대합니다. 지금 우리가 조금 더 기운을 내서 카르타고를 공격하면 얼마 지나지 않아서 그들은 항복을 하고 말 것입니다."

로마 사람들은 레굴루스의 말을 따르기로 결심했다. 레굴루스는 이어서 자기가 카르타고로 돌아가야 한다는 말을 했다. 평화 협정이 맺어지지 않으면 다시 감옥으로 돌아가겠다고 카르타고 사람들과 약속을 했다는 말도 빠뜨리지 않았다. 사람들은 그가 카르타고로 돌아가는 것에 반대했다. 레굴루스가 말했다.

"나는 무엇보다 약속을 소중히 여기는 사람이오. 내가 죽는 한이 있어도 카르타고로 돌아가서 로마 사람으로 떳떳

하게 죽음을 맞이하겠소."

　레굴루스 장군은 약속을 지키기 위해서 다시 카르타고로
돌아가서 감옥에서 죽음을 맞았다.

94. 사랑의 열매

어느 가난한 집의 소년은 어머니가 언제나 불만이었다. 하나님을 잘 믿기로 소문난 어머니는 셋방살이를 하면서 시장에서 과일을 팔면서도 소년이 생각하지 못한 지시를 내릴 때가 가끔 있었다.

하루는 어머니가 교회에 다녀오다가 다리 밑에 있는 어느 할아버지를 보게되었다. 어머니는 소년에게 말했다.

"애야, 저 다리 밑에 가면 불쌍한 할아버지가 있는데 빨리 뛰어가서 모시고 오너라."

소년이 어머니의 말대로 다리 밑에 가보니 거기에는 너무 지저분하고 고약한 냄새가 나는 할아버지가 있었다.

소년은 어머니의 말을 어길 수 없어서 할아버지를 집으로 모셔갈 방법을 궁리했다. 소년은 막대기를 하나 주워서 할아버지를 데리고 집으로 왔다.

어머니는 그런 소년에게 할아버지를 목욕시키고 내복을 입히도록 일렀다. 소년은 냄새나는 할아버지를 목욕시킨 뒤에 한 벌밖에 없는 자신의 내복을 입혀드렸다.

어느 날 소년은 교회 맨 앞자리에 앉아 예배를 드리다가

환상을 보았다. 자신의 눈앞에 거지 할아버지가 나타난 것이다. 소년이 놀라서 물었다.

"할아버지 어쩐 일이십니까?"

"얘야, 나는 거지 할아버지가 아니다. 내가 예수다. 내가 바로 예수다. 세상 사람들은 나를 거들떠보지도 않았지만 너와 네 어머니는 나를 보살펴 주었다. 네가 원하는 것이 무엇이냐?"

소년은 집이 너무도 가난해서 학비를 낼 수 없었기 때문에 돈을 달라고 하고 싶었지만 교회에서 배운 대로 지혜를 달라고 했다.

"저는 공부를 못합니다. 저는 꼴찌에 가까운데 저에게 지혜를 주십시오."

소년의 소원은 그대로 이루어져서 꼴찌를 달리던 성적이 졸업할 때는 전교 1등이 되었고, 서울대학교 의과대학에 입학해서도 1등으로 졸업했다. 어머니의 말을 따라서 가난하면서도 가난한 사람을 돌보던 소년은 현재 미국의 암센터에서 암 연구를 하는 뛰어난 의사가 되었다.

95. 진정한 의사

어느 날 밤이었다. 형편없는 옷차림을 한 어느 부인이 골드 스미스의 병원을 찾아왔다. 남편의 병이 심해져서 세상을 떠나기 직전이라는 것이었다. 골드 스미스는 남편의 증세가 어떤지 물었다.

"음식을 전혀 먹지 못하고 있습니다. 선생님을 미리 찾아뵙고 싶었지만 치료비가 없어서 오지 못했습니다. 선생님 도와주십시오. 부탁입니다."

골드 스미스는 그 부인을 위로하면서 함께 병원을 나서 집으로 떠났다. 부인의 집에 들어가자 뼈만 남은 환자가 침대에 죽은 듯이 누워 있었다. 골드 스미스는 청진기로 진찰을 하더니 고개를 끄덕이며 말했다.

"큰 병은 아니니 걱정하지 마십시오. 내일 병원에 오시면 남편이 드실 약을 준비해 놓겠습니다."

다음 날 부인이 찾아오자 골드 스미스가 말했다.

"남편은 영양실조입니다. 음식을 제대로 먹지 못해서 걸린 병이니 식사를 제대로 하고 푹 쉬면 회복될 겁니다. 이것은 약입니다. 환자가 먹고 싶은 것은 다 먹을 수 있게 해

주십시오."

　부인은 약을 받아들고 병원을 나섰다. 하지만 의사의 지시대로 남편이 먹고 싶은 것을 다 먹일 수 없다는 것 때문에 가슴이 몹시 아팠다. 부인은 집에 돌아와서 약봉투를 뜯어보고 깜짝 놀랐다.

　봉투 안에는 약이 아니라 돈과 처방이 적힌 쪽지가 들어 있었다.

　"필요할 때마다 이 돈으로 먹을 것을 사서 남편을 먹이도록 하십시오.-골드 스미스"

96. 10센트의 교훈

  미국에서 돈 많기로 소문난 록펠러(1839-1937)가 어느 식당에 점심을 먹기 위해 들어갔다. 록펠러를 알아본 음식점의 종업원은 가장 좋은 자리로 안내했다.

  종업원은 돈이 많은 사업가인 록펠러가 분명히 좋은 음식을 시킬 것이라고 은근히 생각하면서 주문을 받으러 갔다. 하지만 록펠러는 35센트짜리의 아주 값싼 음식을 주문했다. 종업원은 이해할 수 없었다. 그러자 록펠러가 말했다.

  "왜 내가 너무 값싼 음식을 시켜서 실망했나? 돈이 많다고 필요 이상의 돈을 들여 음식을 먹는 것은 낭비라네."

  록펠러는 35센트 짜리 음식을 맛있게 먹었다. 그런데 계산서를 보자 45센트로 적혀 있었다. 록펠러는 점원을 불러서 다시 계산서를 가져오라고 말했다. 그러자 종업원은 못마땅하다는 표정을 지으며 말했다.

  "선생님도 너무 하십니다. 고작 10센트가 틀렸다고 계산서를 다시 쓸 필요가 있습니까?"

  록펠러가 얼굴을 붉히며 말했다.

  "고작 10센트라고! 당장 다시 써서 가져오게. 난 평생 쓸

데없는 데 돈을 써 본 적이 없는 사람일세. 자네가 10센트를 잔돈이라 업신여기는 마음을 버리지 않으면 평생 식당의 종업원 노릇을 해야 할걸세. 내가 만일 젊어서 10센트를 소홀히 여겼다면 지금처럼 큰돈을 모으지 못했을 걸세."

　식당의 종업원은 부끄러워 록펠러 앞에서 얼굴을 전혀 들 수 없었다.

97. 소중한 양심

양심적인 사업가로 소문난 스튜어트가 어느 날 자신이 운영하는 백화점에 들어섰다. 직원들은 새로 구입한 물건들이 전혀 마음에 들지 않는다고 말했다. 모양이나 색깔이나 전혀 손님들의 관심을 끌만하지 못하다는 것이었다.

스튜어트는 백화점에서 가장 젊어 보이는 직원에게 물었다. 그러자 젊은 직원 역시 똑같이 대답했다.

"그렇습니다. 예전의 상품에 비해서 나은 점이 없을 뿐더러 가격도 터무니없이 비싼 것 같습니다."

스튜어트도 그의 말에 고개를 끄덕였다.

바로 그때 손님이 백화점에 들어섰다. 그런데 젊은 직원이 새로 들어온 물건을 집어들고서 손님에게 다가갔다.

"손님, 이 물건을 한번 써 보십시오. 색깔도 좋고 전에 나온 것보다 훨씬 편리합니다. 후회하지 않으실 겁니다."

손님은 직원의 말을 믿고 물건을 사려고 했다. 그러자 스튜어트가 가로막으며 말했다.

"저는 이 백화점의 주인입니다. 이 상품은 사시지 않는 게 좋겠습니다. 새로 나왔지만 이전 것에 비해서 좋은 점이 없습니다. 다음에 좋은 상품이 들어오면 그때 사십시오."

손님은 그런 스튜어트의 모습을 보고서 감동을 받고 돌아갔다. 스튜어트가 젊은 직원을 불러서 말했다.

"자, 이것은 그 동안 일한 대가일세. 자네처럼 좋지 않은 물건을 속여서 파는 사람은 우리 백화점에 필요 없네. 그러니 오늘부터 백화점 일을 그만 두도록 하게."

98. 모범의 힘

미국이 영국을 상대로 독립 전쟁을 하고 있을 때 조지 워싱턴(1732-1799)은 사령관이 되어 군대를 지휘하고 있었다. 어느 날 워싱턴은 군복을 벗고 평상복 차림으로 말을 타고 군대를 둘러보았다.

워싱턴이 어느 부대에 도착하니 군인들이 땀을 흘리며 무거운 나무를 나르고 있었다. 워싱턴은 열심히 일하는 군인들을 보고서 마음이 흐뭇해졌다.

바로 그때 하사관 계급을 단 군인이 다가오더니 마구 욕을 해대며 군인들에게 더욱 열심히 일을 하라고 다그쳤다.

"이 녀석들아 어째서 이렇게 꾸물대고 있어. 기운을 더 쓰란 말이야."

하사관은 도와줄 생각은 하지 않고 잔소리만 늘어놓았다. 보다 못한 워싱턴이 나무에 말을 매어두고서 하사관에게 다가가서 물었다.

"부하들은 힘들게 일하는데 당신은 어째서 조금도 도와주지 않는 거요?"

"여보시오. 나는 저들보다 계급이 높소. 계급이 높은 사람이 어떻게 저들과 같이 일을 할 수 있겠소?"

위싱턴은 소매를 걷고서 군인들과 같이 나무를 날랐다. 덕분에 얼마 지나지 않아서 나무를 모두 옮길 수 있었다. 위싱턴이 하사관에게 말했다.

"앞으로 이런 일이 있으면 언제든지 불러주게. 시간을 내어 달려올 테니."

하사관이 신분을 묻자 위싱턴이 대답했다.

"나도 자네와 같은 군인일세. 나를 만나고 싶으면 사령관실로 오도록 하게."

그제야 그가 위싱턴 사령관이라는 것을 안 하사관은 얼굴이 하얗게 변했다. 위싱턴처럼 모범을 보이는 지도자들이 많았던 미국은 영국과의 싸움에서 승리를 거두고 결국에는 독립을 할 수 있었다.

99. 주는 만큼

어느 거지가 이 마을 저 마을로 다니면서 구걸을 했다. 사람들의 눈치를 살피면서 구걸을 하던 거지는 멀리서 다가오는 황금마차를 발견하였다. 눈이 부실 정도로 화려한 마차를 보면서 거지는 틀림없이 임금님이 타고 있을 것이라고 생각했다.

거지는 갑자기 희망이 풍선처럼 부풀어올랐다. 임금님에게 사정을 하면 틀림없이 평생을 먹고 살 수 있을 정도의 보물을 얻게 될 것이라고 거지는 생각했다. 거지는 마차 쪽으로 달려갔다.

드디어 거지가 마차와 마주했다. 거지는 길을 가로막으며 임금님을 불렀다. 마차의 창문이 열리면서 임금님이 얼굴을 드러냈다. 거지는 미칠 듯이 기뻤다. 거지는 평생 기다리던 행운이 찾아왔다고 생각했다.

그때 임금님이 거지에게 오른손을 내밀면서 말했다.

"그대는 나에게 무엇을 줄 수 있는가?"

거지는 도무지 이해할 수 없다는 표정을 지었다. 임금님이 거지에게 무엇을 달라고 그러는 것일까.

"이 사람 저 사람에게 빌어먹고 다니는 거지에게 무엇을 달라는 말씀이십니까? 임금님이 설마 농담을 하시는 건 아닙니까?"

그러면서도 거지는 자신의 주머니를 뒤졌다. 주머니 안에는 마을에서 동냥을 한 동전과 여러 가지 물건이 있었지만 일부러 제일 작은 곡식의 낟알 하나를 꺼내어 임금님의 손바닥에 올려놓았다. 임금님은 웃음을 지으면서 그 낟알을 조심스럽게 집어들고 궁궐로 돌아갔다.

늦게 집으로 돌아온 거지는 하루 종일 구걸한 물건을 방바닥에 쏟아 놓았다. 그런데 초라한 무더기 속에서 무엇인가 반짝거리는 게 보였다. 거지가 가만히 들여다보자 그것은 낮에 임금님에게 주었던 곡식의 낟알이었다. 그 곡식의 낟알은 어찌된 일인지 반짝반짝 빛나는 황금 낟알로 변해 있었다.

거지는 방바닥을 치면서 후회했다.

"임금님에게 내가 가진 모든 것을 드렸더라면…."

100. 일을 하는 지혜

두 나무꾼이 있었다. 두 사람은 산에서 나무를 해 다가 시장에 내다 팔았다. 그런데 두 사람 가운데 한쪽은 욕심이 많았다. 자신의 친구가 나무를 더 많이 해서 파는 것을 보면 배가 몹시 아팠다. 하지만 욕심이 많은 사람은 자신의 친구보다 언제나 나무를 적게 했다.

어느 날 욕심 많은 나무꾼이 친구에게 한 가지를 제안했다. 서로 시간을 정해 놓고서 나무를 가장 많이 하는 사람이 두 사람의 몫을 갖자는 것이었다. 친구도 그의 말에 동의했다.

두 사람은 아침 일찍 산에 올랐다. 욕심 많은 나무꾼은 있는 힘을 다해서 나무를 하기 시작했다. 쉬는 시간도 아까워서 잠시도 쉬지 않고 도끼를 열심히 휘둘렀다. 하지만 친구는 달랐다. 50분 동안 일을 하면 반드시 10분씩 일을 쉬었다. 욕심 많은 나무꾼은 시합에서 이길 게 분명하다고 생각했다.

어느 덧 산을 내려갈 시간이 되었다. 두 나무꾼은 자신들이 열심히 일한 결과들을 비교하였다. 욕심 많은 나무꾼은 깜짝 놀라고 말았다. 자신이 분명히 이길 것이라고 생각했지만 친구의 나뭇짐이 훨씬 더 컸다. 그가 물었다.

"아니, 나는 자네가 쉴 때도 열심히 나무를 했는데 어째서 이렇게 자네의 나뭇짐이 더 큰 건가?"

그러자 친구가 껄껄 웃으며 대답했다.

"그래, 일이야 자네가 더 열심히 했지. 하지만 나는 10분씩 쉬면서 도끼의 날을 다시 갈았다네. 무딘 도끼로 아무리 열심히 일을 한다고 해서 얼마나 효과가 있는가?"

욕심 많은 나무꾼은 아무 말도 할 수 없었다.

101. 믿음의 힘

콘라드 힐튼의 가정은 몹시 어려웠지만 하나님을 열심히 믿었다. 콘라드의 아버지는 이곳저곳으로 돌아다니면서 장사를 했다. 어머니가 일찍 돌아가셨기 때문에 어린 콘라드 역시 아버지를 따라다니면서 일을 도와야 했다.

동네를 돌아다니면서 장사를 해야 하는 콘라드와 아버지가 겪은 어려움 가운데 가장 큰 것은 잠자리를 정하는 것이었다. 하루 종일 열심히 일을 해도 저녁이 되면 잠잘 곳이 마땅하지 않았다. 어느 때는 잠자리를 구하지 못해서 밤을 지샌 적도 있었다.

어느 날 콘라드는 돌아가신 어머니가 무척이나 보고 싶었다. 콘라드는 어머니의 무릎 위에 앉아서 듣던 성경 구절이 떠올랐다.

'믿음은 바라는 것들의 실상이요 보지 못하는 것들의 증거니…'

그때 콘라드는 저녁이 되어도 쉽게 찾아가서 묵을 수 있는 호텔 사업을 하고 싶다는 생각이 갑자기 들었다. 콘라드에게는 호텔을 시작할 수 있는 돈이 없었지만 어머니에게서 물려받은 믿음을 가지고 호텔 사업에 뛰어들었다.

열심히 기도하면서 노력하던 콘라드는 결국 호텔 사업에서 성공을 거두었다. 이렇게 해서 힐튼 호텔이 생겨났고, 오늘날에는 세계 어디를 가더라도 힐튼 호텔을 볼 수 있게 되었다.

102. 무디의 믿음

미국 시카고에 큰불이 나서 꽤 많은 건물들이 불에 타고 말았다. 불길은 계속 번져나가서 무디(1837-1899)가 세운 교회까지 불이 붙고 말았다. 기자들이 도착해 보니 무디가 불타는 교회 앞에 서 있었다.

기자들이 무디에게 다가가서 빈정거리며 물었다.

"살아 계신 하나님은 무슨 일이든 원하기만 하면 이루어 주신다고 평소에 말씀하셨잖습니까? 그런데 하나님은 어째서 교회가 저렇게 불타도록 내버려두시는 겁니까?"

그러자 무디가 대답했다.

"나는 벌써부터 하나님에게 큰 교회를 달라고 기도해 왔소. 그 기도의 응답으로 교회가 불탄 것이오. 큰 교회를 짓기 위해서는 건물을 허물어야 하는데, 그 비용이 들지 않도록 하나님이 저러시는 것이오."

이 말을 들은 기자들은 어이가 없었다. 무디는 밤에 일어난 화재 때문에 잠옷 바람으로 겨우 목숨만 구한 상태였기 때문이었다.

기자들이 다시 물었다.

"그러면 큰 교회를 세울 돈이 있으십니까?"

무디가 옆에 끼고 있던 성경책을 기자들에게 보여주며 대답했다.

"나는 수표나 돈을 가지고 나오지 못했소. 그러나 아무리 써도 바닥나지 않는 하나님의 금고인 성경책을 가지고 나왔소. 그러니 여러분은 얼마 지나지 않아서 오늘 불에 탄 교회보다 더 크고 훌륭한 교회를 보게 될 것이오."

무디는 화재가 있고 난 뒤에 영국으로 건너가서 영국을 뒤흔드는 부흥운동을 일으켰고, 영국 사람들은 무디가 교회를 다시 지을 수 있도록 많은 돈을 헌금했다.

덕분에 무디는 자신의 말대로 그전보다 더 크고 아름다운 교회를 지을 수 있었다.

103. 지혜로운 아버지

아들을 예루살렘으로 공부하러 보낸 사람이 있었다. 아들이 공부하는 사이에 아버지는 깊은 병에 걸리고 말았다. 아버지는 아들을 다시 보기 전에 세상을 떠나게 될 것을 알고서 유서를 남겼다. 유서에는 모든 재산을 종 가운데 한 명에게 모두 주되, 아들에게는 재산 가운데 하나만 원하는 대로 가질 수 있다고 기록되어 있었다.

유서에 따라서 모든 재산을 물려받게 된 종은 그 길로 예루살렘에서 공부하는 주인 아들에게 달려갔다. 아들은 아버지가 세상을 떠난 것은 물론 재산을 한푼도 자신에게 남기지 않은 것 때문에 너무 슬펐다.

장례식이 끝난 뒤에 아들은 고향에서 지혜롭기로 소문난 어느 노인을 찾아갔다. 아들은 노인에게 불평을 털어놓았다.

"아버지는 언제나 나를 이세상의 누구보다 사랑한다고 말씀하셨으면서도 제게는 동전 하나 남기지 않으셨습니다. 어떻게 이런 일이 있을 수 있습니까?"

노인은 아무 말 없이 빙긋이 웃고만 있었다. 아들이 계속해서 말했다.

"아들에게 물려줄 그 많은 재산을 종에게 어떻게 줄 수 있는 겁니까? 저는 아버지를 이해하려고 해도 잘 이해되지 않습니다."

아들의 불평을 모두 듣고 난 뒤에 노인이 입을 열었다.

"내가 보기에 자네의 아버님처럼 지혜로운 분이 없네. 집으로 돌아가서 아버님이 어째서 그렇게 하셨는지 잘 생각해 보게."

아들은 그날 밤잠을 이루지 못하고 아버지의 뜻을 깨달으려고 애를 썼지만 소용이 없었다. 아들은 다음 날 일찍 다시 노인을 찾아가서 물었다. 그러자 노인은 이렇게 대답했다.

"아버님의 지혜는 나라도 당할 수 없지. 자네가 예루살렘에서 공부하는 동안 세상을 떠날 것을 알게 된 자네의 아버님은 앞으로 벌어질 일들을 모두 알고 계셨네. 주인은 세상을 떠나고 아들마저 집에 없다면 재산은 모두 어찌 되겠는가? 모르긴 해도 종들이 재산을 가지고 모두 뿔뿔이 흩어

졌을 것일세. 하지만 그것을 한 사람에게 모아 주면 어찌
되겠나? 그 종은 주인처럼 재산을 잘 관리하겠지."

아들은 그제야 돌아가신 아버지의 뜻을 이해할 수 있을
것 같았다. 노인이 계속해서 말했다.

"자네에게는 어떤 유언을 남기셨나? 재산 가운데 원하는
대로 하나를 선택할 수 있다고 했지 않나? 자네는 어떤 재
산을 선택하겠나?"

그 말을 들은 아들은 환한 웃음을 지으며 대답했다.

"그야 물론 재산을 물려받은 종이지요. 종도 아버지의 재
산 가운데 하나가 아닙니까."

아들은 그렇게 해서 아버지의 모든 재산을 물려받을 수
있게 되었다.

104. 작은 일에 힘쓰는 사람

　뉴욕에 있는 큰 백화점의 엘리베이터에서 일하는 소년이 어느 날 환한 미소를 지었다. 미국 사람들이 자동차의 왕이라고 부르는 포드 자동차 회사 사장이 엘리베이터를 이용하게 되었기 때문이었다. 소년은 포드(1863-1947)에게 온갖 서비스를 아끼지 않았다. 소년은 자동차의 왕 포드에게서 많은 팁을 받을 수 있을 것이라고 생각했다.

　그런데 엘리베이터에서 내린 포드는 동전 한 개를 주머니에서 꺼내어 소년에게 주었다. 많은 기대를 하고 있던 소년은 화를 내며 말했다.

　"사장님, 감사합니다. 하지만 이 정도의 돈은 제게도 있으니 도로 가져가십시오."

　그러자 포드는 아무렇지도 않은 듯이 동전을 다시 받아들면서 말했다.

　"음, 그래. 동전 하나가 마음에 들지 않는다면 그만두거라. 그러나 너는 반드시 이 동전 하나 때문에 눈물을 흘리게 될 날이 있을 것이다."

　소년은 그런 포드 사장의 말에 아무런 대답을 못한 채 얼굴만 붉히고 서 있었다.

나중에 소년은 자라서 위대한 사업가가 되었다. 사람들은 엘리베이터에서 일하던 소년이 어떻게 커다란 사업을 하게 되었는지 궁금해하면서 물었다. 그러자 그는 이렇게 대답했다.

"내가 이렇게 커다란 사업을 운영할 수 있게 된 것은 포드 사장이 엘리베이터에서 내리며 내게 들려준 말씀 때문이었습니다. 나는 동전 한 개 때문에 눈물을 흘리는 일이 없도록 작은 일부터 열심히 힘써서 결국 오늘의 내가 된 것입니다."

105. 날만 새면

옛날 어떤 새가 살고 있었는데 별명이 '날만 새면'이었다. 따뜻한 낮에 마음껏 놀던 그 새는 밤이 되면 추워서 견딜 수가 없었다. 새끼 새들은 그런 아버지 새를 원망했다.

"아버지, 우리도 다른 새들처럼 낮에 집을 지었다가 밤에 편하게 지내요."

"오냐, 내가 잘못했다. 날만 새면 집을 지으마."

이렇게 밤새도록 오들오들 떨었지만, 정작 날이 밝아오면 언제 그런 약속을 했느냐는 듯이 새까맣게 잊어버리고 말았다.

"하룻밤을 어떻게 지냈는데 다음 밤이야 못 참을까? 우선 편하게, 즐겁게, 재미있게, 멋지게 지내야지."

이런 생각을 하면서 아버지 새는 자식들을 데리고 재미있게 하루를 보냈다. 해가 하늘의 복판을 지나기 시작하자 초조해진 새끼 새가 아버지 새에게 말했다.

"아버지, 오후가 되었어요. 집을 지어야지요."

아버지 새는 아무런 걱정을 하지 않는 표정으로 대답했다.

"괜찮다. 해질녘에 지어도 늦지 않아."

해질녘이 되자 아버지 새는 오늘 저녁은 이렇게 지내고 내일 날이 밝으면 집을 짓자고 말했다. 결국 밤이 되어 새 가족들은 또다시 추위를 맞이하였다.

아버지 새는 오돌오돌 떨면서 말했다. "날이 새면, 날이 새면, 날이 새기만 하면…" 하지만 날이 밝으면 다 잊어버리고 역시 노는 데 열중했다.

날씨가 점점 추워지기 시작했다. 눈이 내리고, 바람이 불었다. 그래도 낮에 열심히 놀기만 하던 아버지 새는 똑같은 말을 시작했다. "날이 새면, 날이 새면, 날이 새기만 하면…" 하지만 그날 밤 어느 때보다 추운 날씨 때문에 세 가족은 모두 얼어죽고 말았다.

106. 무엇을 하든 예수님의 일

수도사가 되는 게 꿈인 젊은이가 있었다. 그러나 제1차 세계대전이 일어나는 바람에 어쩔 수 없이 전쟁터에 나갔다가 한쪽 다리를 잃고 말았다. 젊은이는 다리를 잃어 수도사가 될 수 없게 되자 너무 괴로웠다. 그러나 수도사가 되고 싶은 마음은 버릴 수 없었다.

젊은이는 수도사가 될 생각을 버리지 않고 음식 만드는 법을 배워서 수도원 요리사로 들어갈 수 있었다. 다른 사람들은 다리 한쪽이 없는 불구자가 수도원에서 무슨 일을 할 수 있겠느냐고 비웃었다. 그러나 젊은이는 자신이 원하는 대로 수도사로 들어오지는 않았지만 하나님에게 감사하며 열심히 일했다.

수도사들이 성경을 펴놓고 공부할 때 요리사가 된 젊은이는 그들을 위해서 열심히 부엌에서 음식을 만들었다. 음식거리를 사러 시장에 갈 때마다 젊은이는 기도했다. "주님, 좋은 찬거리를 값싸게 사서 수도사들을 잘 먹일 수 있도록 도와주옵소서."

그리고 젊은이는 설거지를 하면서도 기도를 쉬지 않았다.

"주님, 이 그릇들이 깨끗하게 되는 것처럼 예수님의 보혈로 내 마음과 몸을 깨끗하게 씻어주옵소서."

심지어는 불을 땔 때조차도 이렇게 기도했다.

"주님, 이 불처럼 성령의 불이 내 마음속에서 탈 수 있게 하여 주십시오."

젊은이는 무슨 일을 하든지 예수님을 생각하면서 열심히 일했다. 청소, 비질, 걸레질도 기쁨으로 했다. 그러자 처음에는 곱지 않은 눈으로 보던 사람들까지 젊은이의 믿음을 인정하기 시작했다.

세월이 흘러 나이를 먹게 된 젊은이는 결국 요리사로 들어온 수도원을 대표하는 수도원장까지 될 수 있었다.

107. 호랑이 눈썹

　마음씨 좋기로 소문난 김서방이 부인과의 사이에 아들 하나를 두고 살고 있었다. 김서방은 언제나 사람들에게 친절했다. 이웃들에게 일이 생기면 제일 먼저 달려가서 일손을 거들었고, 남이 귀찮아하는 일은 모두 김서방의 몫이었다.

　그런데 김서방의 부인은 정반대였다. 남편이 남의 일을 돕기만 하면 화를 내고 고함을 질러댔다. 때문에 김서방의 집은 저녁마다 부인이 화를 내는 소리로 떠들썩했다. 끝까지 참으려고 했던 김서방은 어쩔 수 없이 아들을 데리고 호랑이가 산다고 소문난 앞산으로 떠났다. 아들과 함께 죽을 셈이었다.

　앞산을 찾아온 김서방은 호랑이가 다닐만한 길목에 자리를 잡고 앉았다. 아들 역시 아버지가 시키는 대로 아무 말 없이 앉았다. 한참을 앉아있던 김서방은 갑자기 머리가 곤두서는 기분이 들었다. 아무도 없는 숲속에 나뭇잎들이 밟히는 소리가 들렸다.

　김서방은 호랑이가 나타났다고 생각하고 눈을 꼭 감았다. 발자국 소리가 점점 가까이 들려왔다. 김서방과 아들은 숨

소리도 크게 내지 못하고 호랑이를 기다렸다. 점점 가까워지던 발자국 소리가 김서방 앞에서 멈추었다.

김서방은 호랑이가 잡아먹기를 기다렸다. 그러나 시간이 흘러도 호랑이는 움직이지 않았다. 호기심이 생긴 김서방이 눈을 뜨자 호랑이가 바로 앞에 버티고 앉아 있었다. 그런데 호랑이는 김서방을 잡아먹을 것 같지 않았다. 호랑이가 껄껄껄 웃으며 말했다.

"이 어리석은 사람아. 사람을 보는 눈이 없으니 사람 같지 않은 사람과 사는 게 아니냐? 내가 눈썹을 뽑아 줄 터이니 그것을 속눈썹 위에 올려놓도록 하게. 그러면 진짜 사람을 만날 수 있을 테니."

말을 마친 호랑이는 자신의 눈썹 하나를 뽑아 김서방에게 주고 바람과 같이 사라졌다. 스스로 호랑이의 밥이 되려고 했던 김서방은 아들을 데리고 다시 동네로 내려왔다. 동네에 들어서다 보니 멀리서 언제나 참견하기를 좋아하는 박 영감이 다가오고 있었다. 김서방은 호랑이 눈썹을 속눈썹 위에 올려놓았다. 그러자 박 영감은 온데간데없고 너구리

한 마리가 웃으며 다가왔다.

"아니 어디를 다녀오나 보지? 나중에 일이 있으면 부르
지."

김서방은 아무말 없이 급히 집으로 발걸음을 서둘렀다.
그런데 갑자기 돼지 한 마리가 꿀꿀거리며 지나갔다. 마을
사람들에게 논과 밭을 빌려주고 언제나 지나치게 값을 많
이 받아내는 이 첨지였다.

드디어 집에 들어서자 김서방이 부인을 불렀다.

"여보, 여보. 우리 지금 돌아왔어."

그러자 부엌 쪽에서 이상한 소리가 들렸다. 부엌문이 열
리면서 꽤나 늙어 보이는 암탉이 종종 걸음으로 튀어 나왔
다. 기겁을 한 김서방이 다시 보자 자신의 부인이었다. 김
서방은 그제야 자신이 사람이 아니라 짐승과 살고 있었다
는 것을 깨달았다. 호랑이의 눈썹을 달고 동네 사람들을 보
니 모두가 짐승들뿐이었다. 결국 김서방은 아들을 데리고
고향을 떠나 진짜 사람들이 사는 곳으로 갔다.

108. 비스마르크의 우정

비스마르크(1815-1898)는 친한 친구와 사냥하러 집을 나섰다. 함께 나선 친구는 의지가 약해서 남에게 즐겨 신세를 졌다. 비스마르크가 총을 들고서 산길을 오르며 멧돼지를 좇고 있었다. 정신없이 멧돼지를 따라가고 있는 비스마르크에게 갑자기 친구의 비명 소리가 들렸다.

"사람 살려! 사람 살려! 비스마르크, 나 좀 살려 줘!"

비스마르크는 소리나는 쪽으로 급히 달려갔다. 친구는 늪에 빠진 채 허우적거리고 있었다. 그런데 비스마르크는 무슨 생각에서인지 태연하게 친구에게 물었다.

"자네 어째서 그렇게 허우적대고 있는가?"

친구는 어이가 없었다. 사람의 목숨이 달려 있는데도 비스마르크는 태연하기만 했다.

"아, 보면 몰라? 발을 헛디뎌서 늪에 이렇게 빠졌잖나?"

비스마르크가 대답했다.

"그러면 나오면 되지 않는가?"

"내가 어찌 혼자 나갈 수 있나? 장난하지 말고 나를 건져 주게."

그러는 사이에 친구는 점점 더 깊숙이 빠져들어 갔다. 그런데 비스마르크는 친구를 구할 생각을 하지 않고 자신이 들고 있던 총을 친구에게 겨누었다.

"자네를 건지려고 손을 내밀었다가는 나마저도 죽고 말 걸세. 그렇다고 자네를 내버려두면 고생을 계속하다 죽을 테니 차라리 지금 죽여주겠네."

비스마르크가 방아쇠를 당기려고 하자 친구가 소리쳤다.

"제발 쏘지 말게. 내가 자네의 손에 죽더라도 이 늪은 빠져나가서 죽겠네."

친구는 죽을 힘을 다해서 늪을 빠져나오기 시작했다. 결국 무사히 늪을 빠져나온 친구가 비스마르크에게 따졌다. 그러자 비스마르크가 말했다.

"내가 자네를 정말 죽이려고 했겠나? 자네 스스로의 힘으로 늪에서 살아 나올 수 있다는 것을 깨닫게 해주고 싶었네."

109. 작은 관심

머로우라는 사람이 캘빈 쿨릿지(1872-1933)를 저녁 파티에 초대하였다. 쿨릿지는 미국의 정치가로서 국민들 사이에 대통령 감으로 입에 오르내리던 사람이었다. 쿨릿지가 사정 때문에 먼저 연회장을 떠나고 난 뒤에 머로우는 쿨릿지가 미국의 대통령 자리에 올라야 한다고 말했다.

그런데 함께 있던 다른 사람들은 머로우의 그런 생각에 동의하지 않았다. 쿨릿지는 너무 조용할 뿐만 아니라 어떤 분명한 성격이나 특징이 없다는 것이었다. 누구도 그런 사람을 대통령 감으로는 생각하지 않을 것이라고 그들은 말했다. 그때 머로우의 여덟 살바기 딸 앤이 나서며 말했다.

"나는 그 아저씨가 좋아요. 아저씨는 틀림없이 대통령이 될 거예요."

앤은 반창고가 부쳐진 작은 손가락을 사람들에게 내밀며 말했다.

"파티를 하는 동안 내가 다친 손가락을 걱정해준 분이 바로 그 아저씨거든요."

앤은 웃음을 지으며 이렇게 덧붙였다.

"그렇기 때문에 그 아저씨는 좋은 대통령이 될 거예요."
　어린 앤의 생각대로 캘빈 쿨릿지는 나중에 미국의 제30
대 대통령이 되었다.

110. 무엇보다 소중한 약속

눈이 많이 내리던 날 비스마르크는 베를린으로 돌아가기 위해서 급히 말을 몰았다. 길을 한참 가다가 혼자서 눈 속을 걸어가는 소년을 하나 만났다. 비스마르크가 눈을 맞으며 길을 가는 소년에게 어디를 가는 길이냐고 묻자, 소년은 베를린이라고 대답했다. 그곳에서 베를린까지는 6시간의 거리였다. 깜짝 놀란 비스마르크는 소년을 말에 태우고 함께 가면서 물었다.

"아니, 어째서 이렇게 눈이 많이 내리는 날 걸어서 베를린까지 갈 생각을 했지?"

소년이 대답했다.

"저는 연극을 하는 극장의 연습생입니다. 큰돈을 벌지는 못하지만 그 동안 번 돈을 모두 혼자 계신 어머니에게 전해 드리러 왔다가 돌아가는 길입니다."

비스마르크는 이해 못할 표정을 지으며 다시 물었다.

"연습생이라면 천천히 가도 될 터인데 어째서 이렇게 날이 어둡고 눈이 많이 내리는데 돌아가는 거지?"

소년은 갑자기 얼굴이 굳어지면서 대답했다.

"전쟁이 일어났는데도 나는 졸병이라 빠져도 좋다고 생각할 수 있나요? 나는 극장 사람들에게 오늘밤까지 돌아가겠다고 약속했습니다. 내가 극장에서 비록 연습생으로 있지만 한번 약속한 이상 반드시 지켜야합니다."

비스마르크는 속으로 흐뭇해했다. 약속을 소중히 여기는 소년들이 많으면 그만큼 독일의 앞날이 밝다고 생각했기 때문이다.

다음 날 소년이 일하는 극장에는 엄청난 크기의 화환이 배달되었다. 극장 사람들은 화환을 보고 크게 놀랐다. 독일을 통일한 위대한 장군 비스마르크가 이름도 없는 극장의 연습생에게 커다란 화환을 보냈기 때문이었다. 소년은 그제야 눈길에서 만났던 사람이 비스마르크였다는 것을 알게 되었다.

111. 도움의 열매

프랑스의 어느 소년 사관학교 앞에 있는 사과 가게는 언제나 학생들로 붐볐다. 그런데 사과를 사먹는 학생들과 달리 구석에 혼자 서 있는 학생이 있었다. 사과 가게 주인은 그 학생의 사정을 알고 만날 때마다 사과를 주었다. 학생은 사과 가게 주인의 도움을 잊을 수 없었다.

그 뒤로 30년이 흘렀다. 사과 가게 주인은 어느새 늙어서 할머니가 되었고, 사과를 얻어먹던 소년은 프랑스의 황제가 되었다. 할머니는 여전히 소년 사관학교 앞에 있는 가게에서 사과를 팔고 있었다. 어느 날 장교 한 명이 사과 가게를 찾아왔다.

할머니는 가게를 찾아온 장교에게도 역시 사과를 팔았다. 장교가 사과를 맛있게 먹자 할머니가 말했다.

"자랑 같지만 우리 나라의 황제이신 나폴레옹께서도 우리 가게의 사과를 가끔 사서 드셨다오."

그러자 장교가 말했다.

"내가 듣기로는 황제께서 돈이 없어서 가끔 얻어먹었다고 하던 걸요. 혹시 잘못 아시고 있는 것은 아닙니까?"

할머니는 그 말에 펄쩍 뛰며 절대 아니라고 말했다. 나폴레옹 황제가 어린 시절의 겪은 어려움이 사람들의 입에 오르내리는 게 할머니는 싫었다. 그러자 장교가 다시 물었다.

"할머니, 지금도 황제의 얼굴을 기억하시겠습니까?"

할머니는 고개를 저었다. 그러자 장교가 눈물을 흘리면서 할머니의 두손을 잡았다.

"할머니, 제가 나폴레옹입니다. 어려서 사과를 먹을 돈이 없어 할머니가 주시던 사과를 얻어먹던 보나파르트 나폴레옹입니다. 저는 그때 먹었던 사과의 맛을 지금도 잊지 못합니다. 어려서 사과를 울면서 먹으며 언젠가는 은혜를 갚겠다고 몇 번이나 다짐했었습니다."

나폴레옹은 할머니에게 금돈이 가득 들어 있는 주머니를 내밀었다.

"자 이것은 저의 얼굴이 새겨진 금돈입니다. 이것을 쓸 때마다 저를 생각해 주십시오!"

112. 훌륭하고 나쁜 것

어느 랍비가 심부름하는 아이에게 시장에 가서 가장 훌륭한 것을 사 가지고 오라고 시켰다. 아이는 혀를 사 가지고 왔다.

얼마 뒤, 랍비는 다시 그 아이에게 오늘은 아주 나쁜 것을 사다 달라고 말했다. 아이는 이번에도 역시 혀를 사 가지고 돌아왔다.

랍비가 그 까닭을 묻자 심부름하는 아이는 이렇게 대답하는 것이었다.

"혀가 좋으면 이보다 더 좋은 것이 없고, 나쁘면 이보다 더 나쁜 것이 없습니다."

113. 작은 강아지

　작은 강아지가 농장에서 지내게 되었다. 어느 날 작은 강아지는 농장을 구경하러 마구간으로 갔다. 그러자 덩치가 무척이나 커다란 말이 으스대며 말했다.

　"너는 새로 온 녀석이 분명해. 내가 이 농장에서 주인의 사랑을 가장 많이 받고 있다는 것을 너도 금방 알게 될 거다. 내가 주인을 위해서 나르는 짐이 엄청나지. 너처럼 작은 짐승은 주인에게 전혀 쓸모가 없어."

　작은 강아지는 고개를 떨군 채 마구간을 나서려는 순간 가까이 있던 암소가 말했다.

　"이 농장에서 가장 귀한 것은 뭐니뭐니 해도 나라고. 내가 젖을 내서 우유와 버터와 치즈를 만들 수 없다면 주인이 무엇을 먹을 수 있겠어. 저런 조그만 강아지가 주인을 위해서 무엇을 할 수 있겠어."

　"암소 어멈, 당신이라고 해서 나보다 나을 것은 하나도 없어."

　이번에는 양이 앞으로 나서면서 큰소리를 쳤다.

　"주인이 겨울에도 추위에 떨지 않고 지낼 수 있는 것은 내 털 때문이라고. 내 덕분에 주인이 겨울 걱정을 하지 않으니 내가 제일 낫지. 저런 강아지는 주인에게 무엇을 줄 수 있겠어. 아무 쓸 데 없는 강아지 같으니라고."

그 뒤를 이어서 닭들은 알을 얼마나 많이 낳는지, 고양이는 농장의 곡식을 지키기 위해서 쥐를 어떻게 잡는지 자랑을 늘어놓았다. 강아지는 정말 할 말이 없었다. 농장의 동물들은 모두 쓸모가 있었지만, 자신은 그렇지 않은 것처럼 보였다.

작은 강아지는 농장의 구석으로 가서 울기 시작했다. 한참을 울고 있는데 늙은 개 한 마리가 다가와서 그 이유를 물었다.

"나는 마차를 끌기에 덩치가 작고, 젖을 내거나 양털이 있는 것도 그렇다고 알을 낳지도 못하니 어디에 쓸모가 있겠어요."

그러자 늙은 개가 말했다.

"하지만 하나님이 네게 주신 능력을 사용하면 된단다. 네가 그 능력을 사용하면 이렇게 울 필요가 없지."

그날 밤 주인은 하루 종일 따가운 햇살 아래서 힘들여 일하다가 지친 몸으로 집에 돌아왔다. 그러자 강아지는 주인에게 달려가서 발을 핥고 팔 안으로 뛰어 올랐다. 주인은 강아지의 머리를 쓰다듬으며 말했다.

"몸이 아무리 피곤하더라도 네가 이렇게 반겨주니 기분이 좋구나. 이 농장의 모든 동물을 준다 해도 너와 바꾸지 않겠다."

114. 믿음의 힘

프랑스의 황제 나폴레옹이 오스트리아의 국경에 있는 도시인 펠드리히를 공격하기로 했다는 소문이 파다하게 퍼졌다. 때마침 부활절을 맞이했던 펠드리히에 시민들은 그 소문을 듣고서 두려워서 떨었다.

펠드리히시는 비상 시의회를 소집하고서 프랑스군에게 미리 항복을 하고 피해를 방지할 것인가 아닌가를 결정하게 되었다. 자신들을 구원할 오스트리아의 군대는 도착할 기미가 전혀 없었다. 이때 모든 시민들로부터 존경을 받는 교회의 어느 사제가 자리에서 일어나서 말했다.

"여러분, 오늘은 우리 주님이 부활하신 부활절이 아닙니까? 지금 우리가 스스로의 힘을 의지한다면 지는 수밖에 없습니다. 그러니 예정대로 교회의 종을 치고 예배를 드립시다. 그리고 나머지 일은 하나님께 맡깁시다."

시의회에서는 이 말에 모두 찬성하였다. 곧 나폴레옹이 이끄는 프랑스 군대가 공격해올 것을 잘 알고 있는 펠드리히시에는 우렁찬 교회 종소리가 울려 퍼지기 시작했다. 사람들은 교회에 모두 모여서 부활절 예배를 드렸다.

이 종소리를 들은 프랑스 진영에서는 밤사이에 오스트리아에서 보낸 많은 군대가 도착한 것이 틀림없다고 믿게 되었다. 오스트리아의 군대와 마주치는 것을 원하지 않던 나폴레옹은 펠드리히시의 공격 계획을 포기하고서 자신의 군사들을 이끌고 다른 곳으로 떠나버렸다.

　전쟁의 두려움 속에서도 부활절 예배를 드린 펠드리히 시민들의 믿음이 군대도 없이 나폴레옹과의 싸움에서 승리를 거두게 만들었다.

6부

나는 하나님의 자녀

115. 쓸모 없는 욕심

하루는 하늘을 찌를 듯한 커다란 나무에서 살아가고 있는 벌레들이 모두 모여서 회의를 열었다. 대장 벌레가 다른 벌레들에게 말했다.

"이 나무가 어찌나 큰지 우리 벌레들이 이곳에 살고 있어도 아무도 알아주지 않는다. 우리 몇 마리 정도로는 이 나무에서 빛을 낼 수 없다. 그러니 우리는 새끼를 많이 나아서 이 나무를 빨리 갉아먹으면 세상은 이 나무보다 위대한 우리 벌레들을 더 알아 줄 것이다."

대장 벌레의 말을 들은 영리한 부하가 재빨리 나서며 말했다.

"대장님의 말씀이 옳습니다. 우리는 가지고 있는 지혜를 다 짜내어 이 나무를 빨리 갉아먹는 방법을 찾아야 합니다. 말하자면 빨리 개발을 하자는 이야기입니다. 각자 가지고 있는 실력을 최대한 발휘해서 우리의 이름을 세상에 널리 알립시다."

이 말을 들은 대장 벌레는 흐뭇해서 말했다.

"좋다. 이 나무를 총공격하자. 한쪽은 부지런히 자식을 낳고, 나머지는 나무를 공격하여 개발을 서두르자."

대장의 말에 신이난 벌레들은 나무를 공격하는 데 모든 힘을 기울였다. 그리고 나머지 벌레들은 열심히 자식들을 낳았다. 그것을 구경하고 있던 이웃 벌레들은 그들의 능력을 칭찬하기 시작했다.

벌레들의 공격이 힘을 발휘하기 시작했다. 벌레들이 살고 있던 나무가 힘을 잃고, 나뭇잎이 떨어지기 시작했다. 그리고 얼마 지나지 않아서 나무는 '쿵!' 소리와 함께 쓰러지고 말았다.

그러나 문제가 시작되었다. 나무가 쓰러진 것까지는 좋았지만 벌레들이 먹을 양식이 사라지고 말았다. 자신들이 쓰러뜨린 나무는 벌레들의 집이자 먹이었다. 얼마 지나지 않아서 찬바람이 불고 겨울이 돌아오자 벌레들은 몸을 피할 나무가 없어서 모두 얼어죽었다.

116. 조지 뮬러의 기도

조지 뮬러(1805-1898)가 전도여행을 할 때의 일이다. 조지 뮬러는 카나다의 퀘벡지방에 토요일까지 도착하기로 중요한 약속을 하고서 배를 탔지만, 배는 일기가 나빠서 더 이상 항해하지 못하고 항구에 머물러야 했다.

약속을 제대로 지키지 못할까봐 다급해진 조지 뮬러는 선장을 찾아가서 자신의 사정을 털어놓았다.

"선장, 나는 토요일까지 반드시 퀘벡에 가야합니다. 나는 평생 동안 다른 사람과의 약속을 깨뜨린 적이 없었습니다. 나를 도와주십시오."

"그것은 불가능합니다. 뮬러씨, 보시다시피 안개가 너무 짙게 끼어서 배가 항해를 할 수 없습니다. 도와드리고는 싶지만 어찌할 방법이 없군요."

"선장, 우리 선장실에 들어가서 기도합시다." 뮬러는 이 말을 하고서 성큼성큼 선장실로 앞서서 걸어갔다. 선장은 그런 뮬러가 제정신을 가진 사람으로 보이지 않았다.

"뮬러씨, 지금 안개가 얼마나 짙은지 아십니까?"

"모릅니다. 하지만 내가 알고 있는 것은 나의 이 어려움을 알고 계시는 하나님이십니다."

뮬러는 선장실의 바닥에 무릎을 꿇고서 아주 간단한 기도를 드렸다.

"하나님, 저를 위해서 만들어 주신 퀘벡에서의 약속을 기억하시지요. 이번 토요일입니다. 앞으로 3일 남았습니다. 하나님이 원하시면 이 안개를 걷어주십시오."

기도를 들은 선장은 속으로 비웃었다. 뮬러가 하는 짓이 어린아이와 같았기 때문이었다. 선장도 같이 기도하려고 할 때 뮬러가 그의 어깨에 손을 얹으며 말했다.

"당신은 하나님이 안개를 걷어주실 것을 믿지 않는군요. 그러나 나는 하나님이 이미 안개를 걷어주신 것을 믿습니다." 뮬러가 그 말을 하고 난 뒤에 창문으로 다가가서 밖을 내다보자 안개가 걷히고 있었다.

117. 생명을 사랑하는 마음

김구 선생은 황해도에서 출생했다. 1876년에 태어나서 1949년 안두희라는 사람이 쏜 총알에 맞아서 세상을 떠날 때까지 오로지 우리 나라의 독립과 발전을 위해서 노력한 훌륭한 애국자였다. 그런 김구 선생이 10살 때 있었던 일이다.

김구는 한문을 배우는 서당을 갔다가 저녁에 돌아오는데 눈이 하얗게 쌓인 길에 어떤 사람이 쓰러져 있는 것을 보았다. 김구는 그냥 지나칠 수 없어서 쓰러져 있는 사람에게 다가가서 살펴보았다. 거지였다.

김구는 길거리에 쓰러져 있는 거지를 흔들어 깨워서 자기 집으로 데려갔다. 그리고 사랑방에다 누인 뒤에 부엌에서 밥을 가져다 먹여주었다. 그런 뒤에 김구는 안방으로 가서 자신이 한 일을 어머니에게 말했다.

김구의 어머니는 아들이 한 일에 놀라 사랑방으로 나오더니 야단을 치기 시작했다. 거지 때문에 방에서 냄새가 나고 더러우니 당장 내보내라는 것이었다. 그러나 김구는 머뭇거렸다.

"이 거지 할아버지는 오갈 데가 없어요. 불쌍한 할아버지를 내보내면 죽고 말거에요."

김구는 어머니에게 회초리를 맞으면서도 고집을 굽히지 않고서 그 불쌍한 사람을 돌보았다. 결국 어머니도 어린 김구의 착한 마음에 감동을 받았다.

"불쌍한 사람을 도우면 복을 받는다는데, 내가 어린 아들보다 더 못하구나…"

김구의 어머니는 거지를 목욕시키고 새옷을 입힌 뒤에 거지를 그 집의 일꾼으로 삼았다. 김구는 '생명을 사랑, 나라를 사랑'이라는 글을 써서 방에 붙여 놓고서 실천하려고 늘 노력했다.

118. 세상에서 가장 강한 것

다리우스가 페르시아의 왕위에 올랐을 때의 일이었다. 다리우스는 왕이 된 것을 기념해서 커다란 잔치를 열었다. 잔치에서 술을 많이 마신 다리우스는 일찍 침대에 쓰러져 잠을 청하고 있었다.

그때 왕의 잠자리를 지키는 병사 세 사람이 두런거리는 소리가 들렸다. 세 명의 병사들은 이 세상에서 가장 강한 것에 대해서 이야기하고 있었다.

한 병사가 말했다.

"나는 포도주가 가장 강하다고 생각해. 사람들은 술에 취하면 모든 것을 잊어버리거든. 아무리 위대한 사람도 바보로 만들 수 있지."

그러자 다른 병사가 나섰다.

"그렇지 않아. 세상에서 제일 강한 것은 왕이라고. 누구라도 왕의 명령을 따라야 하지 않는가. 왕이 전쟁터에 나가라고 하면 목숨을 걸고 나가고 또 땀흘려 일한 것을 왕에게 바치지 않는가."

이스라엘 출신의 세번째 병사가 말했다.

"자네들은 가장 중요한 것을 빼먹었네. 그것은 바로 진실일세. 세상의 무엇도 진실만큼 강하지는 못하지."

잠든 척하며 병사들의 이야기를 듣고 있던 다리우스는 생각했다. '허 그것 참 어려운 문제로군. 세상에서 가장 강한 것이 무엇일까?'

다리우스 왕은 병사들을 불러서 각 사람의 생각을 다시 들었다. 병사들은 각자 자신들의 생각을 굽히지 않았다. 다리우스 왕이 세번째 병사의 생각을 물었다. 그러자 병사는 이렇게 대답했다.

"포도주와 왕의 힘은 사람을 약하게 만들 수 있는 힘이 있습니다. 그러나 진실이 있는 곳에는 다툼이 없습니다. 진실은 사람들의 마음을 아름답고 평화롭게 만듭니다. 진실은 모든 사람들이 저절로 고개를 숙이고 복종하게 만들 수 있는 힘이 있습니다. 때문에 진실은 포도주나 왕보다 강합니다."

다리우스는 병사의 말을 듣고 크게 감동해서 높은 자리를 그에게 주었다.

119. 감사하는 제비꽃

 어느 임금님이 하루는 자기가 가꾸는 아름다운 정원에 나가 보니 화단의 꽃과 나무들이 모두 시들시들 죽어가고 있었다.

 임금님은 깜짝 놀라서 먼저 키가 짤막한 참나무에게 너는 왜 죽어가고 있느냐고 물어 보았다. 그러자 참나무는 자기가 멋진 전나무처럼 키도 늘씬하게 크지 못하니 살아서 무엇을 하겠느냐는 것이었다.

 그래서 이번에는 키가 큰 전나무에게 너는 왜 죽어가고 있느냐고 물었다. 그러자 전나무가 대답했다.

 "저는 포도나무처럼 열매도 못 맺으니 죽어버리는 게 마땅합니다."

 임금님은 답답한 마음으로 포도나무를 보며 죽어 가는 이유를 물었다. 그러자 포도나무는 장미처럼 아름다운 꽃도 피우지 못하니 자신은 살아야 할 필요가 없다고 대답했다.

 그런데 이렇게 죽어 가는 나무들 사이에 이상하게도 제비꽃은 아름답고 탐스럽게 피어 있었다. 임금님이 궁금해서 제비꽃에게 물었다.

"정원의 모든 나무들이 죽어가고 있는데 너는 어째서 힘차게 살고 있느냐?"

제비꽃이 임금님에게 대답했다.

"보잘 것 없는 저를 정원에 심어주신 임금님의 은혜를 생각할 때 키가 작고 열매가 없어도 너무 감사해서 열심히 살고 있습니다."

임금님은 제비꽃의 대답을 듣고서 매우 기쁘고 흐뭇했다.

120. 달팽이의 오해

철도변 둑에 살고 있는 달팽이는 매일 시끄럽게 지나다니는 기차 소리 때문에 일을 제대로 못 하겠다고 불평을 늘어놓았다.

"아무래도 손 좀 봐야겠어!"

어느 날 달팽이는 철로 중앙에 버티고 서서 자신의 더듬이를 위협적으로 한껏 뽑아내곤 멀리서 달려오는 기차를 노려보았다.

"탈선시키고야 말겠다!"

달팽이는 위협적으로 말했다.

기차는 으르렁대며 다가오더니 달팽이 위를 휙 지나쳐버렸다. 달팽이는 돌아서서 달아나는 기차 꽁무니를 쳐다보았다.

"아니, 멈추지 않잖아!"

달팽이는 불쾌하다는 듯 말했다.

"도망쳤어. 겁쟁이 같으니라고!"

121. 고무다리의 선교사

미국의 어느 청년은 교회에 참석하러 가다가 교통사고를 당해서 오른쪽 다리를 잃어버리고 말았다. 청년이 사고를 당했다는 소식을 들은 교회 목사님이 찾아와서 성경 말씀으로 위로했다. "하나님을 사랑하는 자 그 뜻대로 부르심을 입은 자들에게는 모든 것이 합력하여 선을 이루느니라"(롬 8:28).

청년은 교회에 예배를 드리러 가다가 사고를 당했는데 어떻게 선을 이룰 수 있는지 의심했다. 병원에 누워서 자신이 당한 사고를 생각하면 울화가 치밀기까지 했다. 청년은 치료를 끝내고 잃어버린 다리를 대신해서 고무를 끼고 퇴원하였다.

나중에 청년은 자의반 타의 반으로 신학을 공부하고 선교사가 되어 아프리카의 오지에 있는 식인종 지역으로 선교를 떠났다. 병신이 된 자신을 식인종에게 던져버리겠다는 자포자기의 심정이 어느 정도 작용한 때문이었다.

그가 식인종 지역에 도착하자 식인종들이 공격하기 시작했다. 그러자 청년 선교사는 자신이 사고를 당해서 잃어버

린 오른쪽 다리 대신 끼고 있는 고무다리를 식인종들에게
내밀었다. 식인종들이 그 다리를 칼로 내리쳤지만 전혀 효
과가 나타나지 않자 모두들 도망치고 말았다.
　그후 선교사는 식인종들에게 자연스럽게 접근해서 선교
에 커다란 성공을 거두었다. 청년 선교사는 그제야 자신이
사고를 당했을 때 목사님이 들려준 말씀이 진실이었음을
깨닫게 되었다.

122. 네 탓이오

농부의 아내가 하루는 장에 갔다. 그녀는 자신이 집에서 직접 만든 버터를 쌀과 바꾸고 싶었다. 그녀는 곧 쌀 상인을 찾았고, 거래도 순조로웠다.

그런데 한 시간 정도 흐른 뒤에 농부의 아내가 크게 화를 내며 쌀을 판 상인을 다시 찾아왔다.

"여보세요. 쌀이 1킬로그램이라고 하더니 50그램이나 모자라잖아요."

쌀가게 주인이 알 수 없다는 표정을 지었다.

"그럴 리가 있나요? 나는 당신이 1킬로그램이라고 해서 가져온 버터의 양만큼 쌀을 저울에 달아 드렸을 뿐인데요."

123. 교만의 대가

어느 나라에 자랑하기를 좋아하는 네 명의 왕자가 있었다. 어느 날 왕자들은 세상을 돌아다니면서 가장 좋은 기술을 배워오기로 약속했다. 만날 날짜와 장소를 결정한 뒤에 네 명의 왕자들은 서로 약속을 지키기 위해서 뿔뿔이 흩어졌다.

달이 가고 해가 바뀌어 네 명의 왕자들이 서로 만날 때가 되었다. 네 명의 왕자들은 서로의 약속대로 한 장소에 모였다. 첫째가 자신 있게 먼저 말을 꺼냈다.

"나는 세상에서 정말 특별한 재주를 익혔다. 어떤 짐승이건 뼈 한 조각만 있으면 거기에 살을 입힐 수 있는 재주란다."

그 말에 질 새라 둘째 왕자가 나서며 말했다.

"나는 뼈에 살만 붙어 있으면 거기에 가죽과 털을 입힐 수 있는 재주를 익혔소."

셋째가 그 말을 받아서 말했다.

"나는 뼈에 가죽과 털만 있으면 손발을 만들 수 있는 재주를 익혔다오."

한 명도 지지 않으려고 했다. 그러나 넷째가 가소롭다는 듯이 말했다.

"나는 말이야, 뼈에 가죽과 털과 손발이 모두 있으면 거기에 생명을 불어넣어서 살아 움직이게 할 수 있어."

네 명의 왕자들은 자신들이 한 말을 시험하러 숲속으로 들어갔다. 숲에는 어느 짐승의 뼈가 널려 있었다. 첫째 왕자가 그 뼈에 살을 입혔다. 둘째 왕자는 가죽과 털을 입혔다. 셋째 왕자는 손과 발을 만들었다. 끝으로 넷째 왕자는 자신 있게 생명을 불어넣었다.

그런데 왕자들이 숲에서 고른 뼈는 사자의 뼈였다. 네 명의 왕자들 때문에 다시 살아난 사자는 큰 입과 날카로운 이빨, 그리고 무자비한 발톱으로 네 명의 왕자들에게 달려들어 모두 잡아먹어 버렸다. 자신들의 솜씨만 자랑하던 왕자들은 단번에 사자의 먹이가 되고 말았다.

124. 훌륭하게 사는 법

하루는 왕이 훌륭한 학자를 궁궐로 불렀다. 왕은 학자에게 이렇게 물었다.

"어떻게 사는 게 훌륭하게 사는 겁니까?"

훌륭한 학자가 대답했다.

"나쁜 짓은 하지 말고 착한 일만 하는 겁니다."

왕은 피식 웃으며 말했다.

"아니, 그것은 누구나 다 아는 쉬운 거잖습니까?"

훌륭한 학자도 웃었다.

"세 살 먹은 아이도 다 아는 거지만, 팔십 먹은 노인도 실제로는 지키기 힘든 거랍니다."

125. 진짜 죄인

프러시아의 프레드릭 왕이 베를린에 있는 어느 감옥을 방문하였다. 감옥에 갇힌 사람들은 왕의 앞에 무릎을 꿇고서 변명을 둘러대며 서로 자신들의 무죄를 주장하였다. 그러나 그 가운데 단 한 사람은 아무런 말도 하지 않고 있었다.

프레드릭 왕이 궁금한 듯 그 죄수를 불렀다.

"너는 어째서 감옥에 들어오게 되었느냐?"

"칼을 들고서 다른 사람의 물건을 빼앗았습니다."

그 사람은 고개도 들지 못한 채 떨리는 음성으로 대답했다.

"그렇다면 너는 죄인이로구나."

"물론입니다, 폐하. 저는 벌을 받아 마땅한 죄인입니다."

프레드릭 왕은 간수를 불러서 명령을 내렸다.

"이 비열한 죄인을 즉시 감옥에서 내보내도록 하라. 감옥에 갇혀 있는 아주 정직한 사람들이 이 죄인과 함께 지내면서 물들게 될까봐 두려우니 어서 내보내도록 하여라."

프레드릭 왕에게 죄가 없는데 억울하게 감옥에 갇혔다고 주장하던 사람들은 더 이상 아무 말도 하지 못했다.

126. 나는 하나님의 자녀

프랑스의 왕 루이 15세에게는 매우 건방지고 교만한 딸이 있었다. 하루는 그 공주가 잃어버린 팔찌를 찾다가 지쳐버렸다. 공주는 이유 없이 자신의 시중을 들고 있는 부인을 책망했다.

"공주님."

시중을 들던 부인이 더이상 참을 수 없다는 듯이 말했다.

"저에게 큰 잘못을 범하셨습니다."

그러자 공주는 몹시 화를 내며 소리쳤다.

"내게 감히 그런 말을 하다니! 그대는 내가 왕의 딸인 줄 모르시오?"

시중을 들던 부인이 점잖게 대답했다.

"그리고 저는 하나님의 자녀이지요."

127. 죽음과 바꾼 금동전

언제나 먹을 것을 걱정할 정도로 가난한 사람이 있었다. 그 사람은 공원의 의자에 누워서 자신의 신세를 한탄했다. 부모를 잘못 만나서 가난하고, 공부를 하지 못해서 가난하고, 몸이 약해서 가난하고…. 자신의 잘못은 하나도 없다고 생각하니 스스로가 더욱 한심했다.

어느 날 그 사람은 여전히 공원 의자에 누워서 자신의 처지를 한탄하고 있었다. 그런데 갑자기 신사 차림의 사내가 다가와서 말을 건넸다.

"가난한 게 당신 탓이 아니라고 늘 이야기하니, 내가 금동전이 들어 있는 지갑을 주겠소. 지갑에는 언제나 금동전이 하나 밖에 없소. 그러나 당신이 하나를 꺼내어 사용하면 또다른 하나가 다시 생길 것이오. 당신이 쓰고 싶은 대로 쓰다가 더 이상 필요 없으면 지갑을 강물에 던져버리시오."

가난한 사람이 지갑을 열어보니 진짜로 금동전이 하나 들어 있었다. 지갑에 정신이 팔린 그 사람은 고맙다는 말도 하지 않은 채 가게로 달려갔다. 가난한 사람이 지갑에서 금동전을 꺼내어 그토록 배불리 먹고 싶었던 고기를 샀다. 그러자 지갑에 또다른 금동전이 생겼다.

집에 돌아온 그 사람은 생각이 달라졌다. 지갑을 이용해서 남들보다 더 많은 돈을 벌기로 결심했다. 그 사람은 그때부터 지갑에서 동전을 꺼내어 모으기 시작했다. 계속 금동전을 꺼내도 지갑에는 끊임없이 금동전이 생겼다. 가난한 사람은 얼마 지나지 않아서 커다란 부자가 되었다. 그래도 그 사람은 만족할 줄 몰랐다.

가난한 사람은 아무것도 사먹지 않으며 금동전을 계속해서 모았다. 그렇게 한 해가 지나고 두 해가 지나도 욕심은 그칠 줄 몰랐다. 어느덧 세월이 흘러서 가난한 사람은 노인이 되었다. 그래도 돈을 모으는 재미에 지갑을 강물에 버려야 한다는 말은 기억하지도 못했다. 제대로 먹지도 못한 채 나이가 든 그 사람은 얼마 지나지 않아서 세상을 떠나고 말았다. 하지만 동네 사람들은 노인이 가난해서 먹을 게 없어 세상을 떠났다고 생각했다.

128. 도둑맞은 다이아몬드

스페인의 아라곤 왕이 남긴 재미난 일화이다.

아라곤 왕이 신하를 거느리고서 보석가게를 찾아갔다. 그가 주인과 값을 흥정하고 있는 사이에 신하들은 보석들을 구경하고 있었다. 일행이 가게를 나서자 보석가게 주인이 당황한 얼굴로 뒤쫓아 나왔다.

"임금님, 죄송스런 말씀이지만 일행들께서 저희 가게를 나간 뒤에 확인해보니 아주 값비싼 다이아몬드 하나가 없어졌습니다."

아라곤 왕은 얼굴이 하얗게 질린 보석가게 주인에게 아무런 걱정을 하지 말도록 이르고 난 뒤에 신하들을 돌아보며 말했다.

"여러분도 들었겠지만 보석이 없어졌다고 하니 다시 가게로 돌아갑시다."

왕은 보석가게 주인에게 항아리에 소금을 가득 채워서 가져오도록 일렀다. 가게 주인은 아라곤 왕이 무슨 생각을 하고 있는지 알 수 없었지만 지시를 그대로 따랐다. 그러자 왕이 신하들에게 명령했다.

"모두 손을 소금 항아리에 넣었다가 꺼내도록 하시오."

모든 신하들이 왕의 명령을 따라서 소금 항아리에 손을 넣었다. 아라곤 왕이 보석 가게 주인에게 다시 일렀다.

"자 이제는 항아리에서 소금을 따르도록 하시오. 그러면 보석이 있을 것이오."

주인이 항아리의 소금을 탁자 위에 쏟아내자 과연 소금 속에서 다이아몬드가 나왔다.

129. 화장실을 청소하는 학장

　필리핀의 돈 많은 사업가 아들이 카 통 까우라는 학생이 필리핀의 수도 마닐라에 있는 성서대학교에 입학했다. 카 통 까우는 학교에서 생활을 하기 위해서 짐을 꾸려 기숙사에 들어갔다.

　기숙사에 들어간 카 통 까우는 목욕탕과 화장실을 둘러보고서 깜짝 놀라고 말았다. 제대로 청소를 하지 않아 너무 지저분했다. 기분이 몹시 상한 카 통 까우는 곧바로 학장실로 달려갔다.

　"학장님, 이곳 기숙사의 목욕탕과 화장실은 너무 지저분합니다. 정말이지 학교에 다닐 마음이 싹 사라질 것 같습니다."

　학장은 카 통 까우를 위해서 목욕탕과 화장실을 청소하겠다고 약속했다. 방으로 돌아온 카 통 까우는 청소부가 목욕탕과 화장실 청소를 할 때까지 기다렸다.

　마침내 청소하는 소리가 들렸다. 카 통 까우가 목욕탕의 문을 열었다. 카 통 까우는 안을 들여다보고서 놀라지 않을 수 없었다. 청소부는 다름 아닌 그 학교를 운영하는 학장이었기 때문이었다.

눈이 휘둥그레진 카 통 까우가 물었다.

"아니, 학장님! 지금 여기서 무엇을 하고 계시는 겁니까?"

"자네가 아까 목욕탕과 화장실이 더럽다고 하지 않았나. 이만하면 깨끗하지?"

학장의 솔직한 웃음소리를 들은 카 통 까우는 부끄러워서 얼굴이 붉어졌다.

"여보게, 우리 학교는 부자 학교가 아닐세. 기숙사에 청소부를 따로 둘만한 여유가 없지. 그러니 우리 학교를 다니려면 청소쯤은 스스로 해야 한다네. 여기서는 모든 일을 혼자 알아서 해야 한다는 것을 잊지 말게."

130. 6일 전쟁의 교훈

　이집트와 이스라엘은 자주 전쟁을 하였다. 그 중 1967년 6월에 일어난 '6일 전쟁'은 아주 귀중한 교훈을 준다. 이스라엘을 상대로 여러 나라들이 연합으로 싸움을 벌인 전쟁이었다. 군사력은 이집트가 훨씬 뛰어나다고 평가되었는데 오히려 이스라엘이 6일 만에 이집트를 비롯한 여러 아랍 국가들과의 싸움에서 승리를 거두었다.

　그 전쟁에서 승리한 이스라엘뿐만 아니라 이집트는 많은 전사자들이 생겼다. 6일 동안의 전쟁이었지만, 너무도 전쟁이 치열했기 때문이었다.

　그런데 이상하게도 이스라엘에는 장교의 사망자가 많았지만, 이집트에는 사병이 많이 죽었다. 어떻게 해서 이런 일이 생겼을까? 나중에 밝혀진 결과에 따르면, 이스라엘 장교들은 전쟁터에서 맨 앞에 서서 적과 싸웠기 때문에 많이 죽임을 당하고 만 것이었다. 그러나 이집트 장교들은 이스라엘 장교들과는 달리 사병들을 앞세우고 잘 싸우라고 지시만 내려서 사병들이 많이 죽었던 것이다.

131. 크리스마스실

영국에서 시작되어 유럽으로 번져 나간 산업혁명은 사람들에게 여러 가지 편리함을 가져다주었다. 그러나 그와 함께 결핵이라는 병도 함께 퍼지기 시작했다. 당시 결핵은 치료가 어렵고 돈이 많이 드는 질병이었다. 어린이들은 별다른 치료도 받지 못한 채 죽음을 맞고 있었다.

덴마크 역시 결핵이 휩쓸기 시작했다. 코펜하겐의 우체국 직원으로 근무하던 아이날 홀벨은 어린이들이 결핵이라는 몹쓸 병에 걸려서 세상을 떠나는 게 무척이나 가슴이 아팠다. 그는 연말에 많은 크리스마스 우편물을 정리하다가 한 가지 생각을 하게 되었다.

"이 많은 카드와 소포에 동전 한 닢짜리 실을 부친다면 그 판매된 실의 대금으로 결핵으로 고생하는 어린이들을 구할 수 있지 않을까."

아이날 홀벨은 마침내 1940년 12월 10일에 세계 최초의 크리스마스실을 발행하였다. 덴마크의 국왕 크리스찬 9세를 비롯해서 많은 사람들이 홀벨의 생각을 지지하고 나섰다. 덕분에 크리스마스 실은 날개 돋친 듯 팔려 나갔다.

그후 실 운동은 세계 여러 나라로 전파되었고 결핵이라는 무서운 질병을 몰아내는데 커다란 힘이 되었다. 우리 나라에서도 크리스마스를 앞두고 실을 발행해서 결핵의 예방과 그 치료에 사용하고 있다. 한 사람의 마음씨 고운 생각이 전세계적으로 수많은 사람들의 생명을 구하게 되었다.

말하는 집

굵이 교회 뿐만이 아니라 우리 주변에는 많은 이야기들이 나돌고 있다. 사람들은 그런 이야기를 통해서 지혜나 용기, 그리고 희망과 즐거움을 얻는다. 이야기 속에 등장하는 인물들이 자신들과 크게 다르지 않다고 생각하기 때문일 것이다. 덕분에 정말 아름다운 이야기들은 생명력을 얻어서 일부는 입에서 입으로 전해지고, 또 일부는 책으로까지 엮어지기도 한다.

하지만 정작 이야기와 가까운 사람들은 그리스도인들이다. 그리스도인들이 이야기를 좋아하고 간직하기를 즐기는 것은 예수님 때문이라고 할 수 있다. 예수님은 타고난 이야기꾼이셨다. 예수님이 사용하신 비유들은 누구도 흉내낼 수 없었으며, 성경학자들까지도 벌어진 입을 다물지 못할 정도였으니 그리스도인들이 이야기를 좋아하는 것은 당연한 일이라 하겠다.

16세기 종교개혁가들은 교회를 '말하는 집'이라고 불렀다. 교회에 들어서는 사람마다 세상에서 쉽게 접할 수 없는 이야기들을 마음껏 들을 수 있기 때문에 그렇게 불렀을 것이다. 요즈음처럼 즐길 것이 많지 않은 세상에서 사람들은 나이를 가리지 않고 이야기에 흠뻑 빠져들었을 것이다.

그러면 지금도 교회를 말하는 집이라고 부를 수 있을까. 그렇지 않다고 본다. 교회에는 이야기를 대신하는 기계들이 자리잡은

지 이미 오래이기 때문이다. 어려서 가슴을 졸이며 선생님의 한마디 한마디에 귀기울이던 동화구연은 VCR과 만화영화에 떠밀려서 설 자리를 제대로 잡지 못하고 있는 실정이다.

그래도 이야기에는 힘이 있다. 이야기는 믿음과 사랑, 용기와 위로를 한꺼번에 가져다 준다. 뿐만 아니라 이야기가 어린이와 청소년에게 끼치는 영향은 사뭇 크다. 어린이와 청소년들이 짧은 이야기 한토막 때문에 삶의 변화를 일으키는 경우를 왕왕 접하기도 한다. 이 책에 엮어진 이야기들도 그러기를 희망한다.

이 책에 실려 있는 이야기들은 여러 가지이지만 주제는 하나이다. 따스함. 그리고 될 수 있으면 새로운 이야기들을 담으려고 노력했으며, 전에 알려진 것들은 나름대로 다시 손질해서 포함시켰다. 아울러 〈어린이를 변화시키는 이야기 131가지〉에서는 등장 인물의 생존 연대를, 〈청소년을 변화시키는 이야기 131가지〉에서는 사람들의 이름을 일일이 영문으로 확인하고 추가했다.

책을 낼 때마다 감사하지 않을 수 없는 분들이 있다. 도서출판 호산의 최경자 장로님과 정길호 차장, 그리고 박경애 자매에게 감사한다.

유 재 덕